虚飾の行政

――生活環境主義批判

早川　洋行　著

学文社

目次

第二章　隠された証言……37

第三章　諮問機関……58

第六章　環境ガバナンス

第一章　嘉田知事の迷走

期待と現実

二〇〇六年七月、環境社会学者として知られた嘉田由紀子さんが、主要政党がこぞって推薦した現職の国松善次さんを破って当選した。筆者は、この時新聞に次のように書いた。

嘉田さん知事当選一週間　識者に勝因や課題聞く（『読売新聞』二〇〇六年七月九日付）

知事選で嘉田さんが当選したニュースは、全国的に驚きをもって迎えられた。なぜ自民、民主、公明三党が推薦した現職候補と、共産党が推薦した候補を破ることができたのか。

いくつかのマスメディアの分析、政治家や政治学者の説明を読むと、次の3点にまとめられるように思う。①新幹線新駅建設に代表される大型公共事業を批判したことが功を奏した。②「もったいない」という、小泉首相ばりのワンフレーズアピールが有権者を引きつけた。③小泉改革への潜在的不満が追い風になった――。たしかに一理ある意見である。しかし、最も重要な要因が指摘されていないのではなかろうか。

マスコミュニケーション研究の古典理論のひとつに「コミュニケーションの2段の流れ」というものがある。これは、マスメディアの影響はダイレクトに視聴・読者に及ぶものではなく、オピニオンリーダーという媒介を経て影響するという考えである。

今回の選挙において感じたのは、まさに無数のオピニオンリーダーの力であった。個人的なことだが、我が家には嘉田さんを推薦する数通のはがきやメールが届いた。ほとんどは、地域社会で様々な市民活動を行っている地域リーダーからである。彼ら、彼女らが積極的に動いた。嘉田さん勝利の最も重要な要因はここにあったと思う。

大型公共事業反対、小泉改革反対ということだけなら、共産党推薦候補の主張の方が積極的かつ明確だった。嘉田さんの勝因は「もったいない」に共感する市民を味方にしたことである。しかし、その言葉は、おそらく小泉首相の場合と違って、一般大衆というよりも、日ごろ地域社会で活躍する地域リーダーの気持ちをすくい取ったのだと思う。

5期20年続いた県庁出身知事の県政の中で、市民活動を行う人々の不満は蓄積されてきた。無駄なイベントと非効率な行政運営は、限られた資源の中で活動する地域リーダーにはよくわかる。そうした人々は、嘉田さんと「もったいない」という格好の旗印を得て、これまでの不満を爆発させた。そして、選挙活動に次々と加わっていった。それが今回の選挙であったと言えるだろう。

そうであるならば、議会に味方がほとんどいない嘉田さんの知事としての生命線は、新幹線新駅やダムをやめるかやめないかという皮相な点ではなく、彼女に期待した地域リーダー層の支援をこれからも得ることが出来るか否かという点にかかっていると言ってよい。

この文章を書いたとき、筆者には嘉田さんが知事として地域リーダーの声を県政に反映してくれるだろうという期待があった。そして、自分が知事になれたのは、多くの地域リーダーのみなさんのおかげであることを忘れないでほしいという願いがあった。しかし、こうした筆者の思いはかなわなかった。彼女は、こちらの期待などお構いなしに独自の道を歩み始めたのである。

次の文章は、就任から二年半が経って、筆者がウェブサイト「ちきゅう座」に投稿し、後に請われて滋賀報知新聞（二〇〇九年二月五日付）に転載した「ハチドリの悲劇—嘉田滋賀県政と地域主義」と題した文章である。

滋賀県の嘉田由紀子知事の誕生は画期的な出来事だった。それまで、五期二〇年続いた県庁出身知事に代って、県民感覚を重視して行政をリードしてくれるだろうと、期待した県民は多かったに違いない。嘉田知事は、森の火事でわずかな水を運び続けたハチドリを讃える。そして言う。「私自身は、みずからハチドリでありたいと思っています」（『生活環境主義でいこう！』岩波ジュニア新書）。そうだ。ハチドリがんばれ。彼女は武村正義氏以来の、滋賀県が誇る政治リーダーになるはずだった。しかし、その後、彼女への期待は急速にしぼんで行く。

まず新幹線新駅問題。「凍結」の公約は「中止」という結果になった。出来過ぎの成果と言えなくもない。しかし彼女は、それに伴う補償問題や予定地の将来構想について何の展望も示せなかった。そのことが一因で栗東市財政が窮地に追いやられたのは事実だろう。第二にダム問題。大戸川ダムを中止する意見書を決定したこと。これも公約どおりと言えば、そのとおりだ。しかし、ダム中止に代る流域治水工事の実現可能性と、ダム工事とセットになっていた道路整備の行方は不透明だ。これも「中止」の後始末に課題山積である。そして、RD産廃処分場問題。これは前二つの問題とは反対に、マニフェストでうたった「有害物撤去」ではなく、「有害物現地封じ込め」策を押し通した。県が作った対策委員会、栗東市の調査委員会、地元自治会の大多数の反対を押し切ってのことである。

三つの問題で、一番の被害を受けたのは地元の地域社会だ。三つの問題の当事者地域では、嘉田県政への不満と不信の声が極めて大きい。いわく「結論ありきで、納得しろというのは許せない」。今や、嘉田知事が掲げた「対話と共感」というスローガンは空しく響く。何よりこの三つの事件で、はっきりしたのは、嘉田県政は「地域主義」ではないということである。

彼女の思想である生活環境主義は、環境と地域を歴史軸で繋ぐものだった。すなわち、かつて地域社会で行われていた環境に配慮した生活のありかたを発掘し、評価するものだった。しかし、それは過去という舞台でのみ有効性をもつ。生活環境主義が現実の舞台に適用されると、「地域」は効力を失い、顧みられることのない劣位に放っておかれる。

ハチドリは、空中で花の蜜を吸う。足は退化して大地を歩くことさえできないという。地を這う虫たちの姿は、空中を飛ぶハチドリの目には入らない。

選挙での勝利

嘉田知事は、就任以来、自らの権力基盤を強化することに力を傾注した。自らの支持母体である「対話でつなぐ滋賀の会」から、県議会のみならず、市町において議員や首長を出すことに積極的に動いた。これは、地域の旧来の権力構造にくさびを打ち込むものだったから、地域社会から反発を招くことになった。またその一方で、県議会においては、自分は「脱政党」ではなく「超政党」だとして、既成政党に政策ごとの連携を呼びかけることで、秋波を送り続けた。その結果、民主党は事実上、嘉田与党になっていく。こうして、彼女は政治世界において着実に足元を固めていった。

この戦略は成功したと言ってよいだろう。二期目の選挙では、栗東、守山、近江八幡、彦根、大津の五市長が「市長有志の会」を立ち上げて対立候補を支援したのにもかかわらず、民主党と社民党の支持、連合滋賀の推薦を取りつけて当選。一期目に嘉田さんが獲得した票は二一万七千八百四二票、次点の国松さんは一八万五千三百四四票だった。ところが二回目の選挙では、嘉田さんは四一万九千九百二一票、次点の上野賢一郎さんの得票は二〇万八千七百七票である。つまり、前回の二倍近い票を獲得し、対立候補にダブルスコアで圧勝したのである。

読売新聞が実施した出口調査のデータが興味深い数値を示している。投票直後の有権者に支持政党を聞いたところ、一期目の選挙においては、自民三三・二％　民主二三・八％　支持政党なし二六・七％

だった（二〇〇六年七月四日付）。これに対して、二期目の選挙においては、民主四〇％　自民二二％　支持政党なし一三％である（二〇一〇年七月一三日付）。つまり彼女は、増えた民主支持者層の票をうまくすくい取るのに成功したのだ。この二期目の選挙は、参議院選挙と重なり、その滋賀選挙区では民主党の女性候補が当選している。民主党、そしてその女性候補との連携に成功したことが、彼女の高得票数に貢献したことは疑いえない。

二期目において嘉田知事は、大量得票を背景に民主党をも取り込んで、県政を思い通りに運営していくはずであった。しかし、その目論見は外れ状況はやがて反転する。

国政における民主党の人気低下は、県議選にも波及した。東日本大震災の記憶がまだ鮮明な二〇一一年四月に行われた県議会議員選挙は、自粛ムードのなかで、これまで吹いていた無党派、改革派の風がやんでしまった。そのこともあって自民党が復活する。全四七議席のうち、民主党が議席を一七から一二へ減らし、逆に自民党が過半数を上回る二六議席を獲得する結果に終わる。

嘉田知事は、それ以降、議会内では自民党からの批判、議会外からは県内の市長たちからの批判を浴びつつ、難しい県政運営をせざるをえない状況が続いている。

しぼむ「対話と共感」

こうした政治世界での奮闘の裏面で、嘉田知事と一般県民との対話は減少していった。このことは、データからも裏付られる。

嘉田知事は就任以来「知事と語る滋賀の未来」という、県民との直接対話事業を行ってきた。これは二種類あり、①グループ対話の「知事とふれあい座ぶとん会議」、②訪問対話の「おじゃまします！知事です」である。それらの実施要領を見ると、前者は「特色ある活動などを行っている自治会・区、NPO、グループ、団体等と対話する。また原則として、活動の様子などを視察する」もので、対話人数は一五名程度、時間は二時間程度のものである。後者は、「先進的な取組や特色ある活動を行っている企業、事業所、施設等を訪問し、視察と併せてその関係者と対話する」もので、対話人数は数人、時間は一時間程度である。下の表はその開催数をまとめたものである。ただし、二〇〇六年は八月に就任してからの回数である。二〇一一年の「知事です」の回数が異常に多いのは、一日に二会場、三会場回っているからである。この「知事です」は、通常よく行われる知事の県内視察と考えてよいだろう。してみると、嘉田知事は就任以来、地域住民との実質的な対話の機会を減らし、逆に事業所等への一般的な視察を増やしていることが見て取れる。

こうした姿勢の変化は、選挙時のマニフェストからも確認できる。一期目のマニフェストでは、「対話から共感へ」「共感から生まれる自治」を冒頭に掲げていた。ところが二期目のマニフェストでは、「茶

	①座ぶとん会議	②知事です
(2006)	(2)	(2)
2007	9	6
2008	7	5
2009	8	9
2010	4	9
2011	1	25

※滋賀県 HP より作成。

表１－１　直接対話事業

話会での対話によってマニフェストを完成させました」となっていて、「対話」はすでに終わったかのようである。また「共感」という言葉はマニフェストのどこを探しても見つからない。それに替わって示されているのは「未来成長戦略」であり、「百五〇の政策提言」である。総じて二期目のマニフェストは、自らのこれまでの実績を誇り、自らのリーダーシップを強調する内容になっている。

端的にいえば、こういうことである。嘉田さんは、知事になることで、市民社会から政治世界に生きる場を移した。それに伴い、政治姿勢は、対話重視型から政策提言型へ転換したのである。

このこと自体は、だからどうだという問題ではない。これは、それ自体で評価すべきことではないだろう。なぜなら、対話も政策提言も、ただそれだけで終わるならば、さして意味があるとは言えないからである。政治家の力量は、対話の成果を実現すること、あるいは提言した政策を実行することによってこそ、計られるべきである。

ある政治家を評価しようとするとき、選挙結果は重要な指標の一つであるに違いない。しかし、選挙における得票は大衆の人気度をはかるのに有効かもしれないが、その政治家が問題の解決に貢献したのか否かをはかる指標ではないのも事実である。個別案件への対応力と第三者へのアピール力はまったく別物である。これは、マスメディアが住民運動の当事者たちに与える影響と当事者以外の人々へ与える影響が違うことと、よく似ている。

本書では、この観点から、嘉田知事の誕生が具体的な問題解決に果たした意味を考える。筆者は、滋賀県民であるとともにかつての嘉田さんと同じ社会学者である。嘉田さんは、知事として、環境社会学者時代に主唱していた生活環境主義を実践する地位についた。生活環境主義は、「居住者の立場に立つ」ことをモットーにしている。果たして、それは成功したのだろうか。この問題について、筆者にとって身近な問題であった栗東市の産廃処分場問題（以下、RD問題と略）を事例にして考えてみたい。

知事就任から対策委員会答申まで

まず、RD問題について説明しよう。この問題は、株式会社RDエンジニアリングという会社（以下、RD社と略）が栗東市内の産廃処分場において引き起こした不法投棄問題である。この問題が発覚したのは、一九九九年夏、この会社が経営する産廃処分場内にガス化溶融炉という新型炉が建設されたのがきっかけである。この産廃処分場は、焼却炉などの中間処理施設と埋め立てによる安定型最終処分場を兼ねていた。事故や環境被害を恐れた周辺住民たちは、焼却炉の稼働反対運動を起こす。その過程で、住民の通報によって最終処分場から硫化水素ガスが発生していることが判明。さらに地下水汚染が起きていることも判明する。ところが、業者は二〇〇六年六月に破産。不法に埋め立てられた廃棄物はそのまま残されることになってしまった。

嘉田さんは、同年七月に知事に就任した。この問題は、新幹線新駅問題、ダム建設問題とならんで、彼女の政治家としての真価を問われる三大問題のひとつであった。とはいえ、前二者は、単純化すれば、造るか造らないかという今後の決定にかかわる問題であったのに対して、この問題は不法投棄された廃棄物の事後処理という、質的にはまったく異なった問題であった。

彼女は、この問題にどう対処しようとしたのだろうか。一期目のマニフェストで彼女は、次のように書いていた。

栗東市のＲＤエンジニアリングの廃棄物処分場の違法投棄には、毅然とした対応がなされず、周辺住民だけでなく流域住民の地下水汚染への不安が増大しています。このような社会的紛争を解決するために、県のこれまでの姿勢をあらため、謝罪します。また、違法投棄の責任を問い、違法投棄物質の除去処分命令を直ちに行います。命令に従わない場合は、住民の安全を第一に考え、行政代執行も含めた強制的な除去処分を行います。

知事就任間もない九月一一日、嘉田知事は、処分場内に残る有害物質の除去を求める一万四千人分の署名を携えて面会した地元住民たちに「これまでの県の対応は必ずしも十分でなかった。お詫びします」と謝罪した。しかし、「違法投棄物質」の「行政代執行も含めた強制的な除去処分」という公約は、このようにすんなりとは実行されなかった。

嘉田知事は、一二月に今後の処分場対策を審議する「ＲＤ最終処分場対策委員会」（以下、対策委員会）を設置して、対策案を諮問する。また翌年一月には、この問題を発生させた原因を探る行政対応検証委員会を立ち上げた。こうした諮問委員会の問題は、後ほどまとめて述べることにして、ここでは、主にそうした委員会の外側で起きていたことを述べることにする。

滋賀県は、破産管財人からの処分場の土地譲渡の申し出を断り続けた。一方、滋賀県と栗東市それぞれの調査によって、処分場内やその周辺地下水が、ホウ素、ヒ素、水銀、鉛、シス1・2ジクロロエチレン、ダイオキシンなどの有害物質に汚染されていることが明らかになった。また、二〇〇七年九月には、埋め立てられた廃棄物が、当初見込みの四〇万立方メートルの一・八倍の七二万立方メートルであったことがわかる。許可容量違反の指摘は、問題発覚当初から住民側が指摘してきたことだった。新聞記事では、二〇〇四年二月二一日に処分場を視察した当時の国松知事への住民の意見に確認できる（『毎日新聞』二〇〇四年二月二二日付）。少なくとも三年以上が経って、県はその事実をやっと認めたのである。

筆者は二〇〇七年一一月、処分場周辺の七自治会九百四九世帯を対象にした対策工法についての意向調査を行った（回収率五三・四％）。問題の行政責任を複数回答できいたところ、県に責任があるとしたのが八九・三％、市に責任があるとしたのが八六・二％、国は五〇・五％だった。また、当時、滋賀県が対策委員会で示していた三つの対策工法についての支持は、廃棄物の全量撤去・遮水壁設置・地下水のくみ上げ処理をすべて行うA案八七・六％、遮水壁設置と地下水のくみ上げ処理を行うB案三・七％、地下水のくみ上げ処理のみ行うC案三・六％であった（京都・産経・中日・毎日各新聞二〇〇七年一一月一〇日付）。

県の試算によるとA案は、工期一六年、費用約四百五億円、B案は、工期五年、約三五億円、C案は、工期三〇年で完了までの時間が長くかかることから費用は同じく三五億円とされた（『産経新聞』二〇〇七年一二月二日付）。対策委員会では、この後、筆者を含む三人の委員の共同提案で提出された、廃棄物

表1－2　RD最終処分場において適用可能な対策工法の一覧

区分	項目	廃棄物の全量撤去		現位置での浄化・一部掘削撤去の方針			
		A－1案（事務局提出） 廃棄物全量撤去＋良質土（購入）埋戻し＋焼却灰の洗浄除去	A－2案（委員提案） 廃棄物全量撤去＋埋戻し（処理土再利用）＋焼却炉の解体撤去	B－1案（事務局提出） 全周遮水壁＋安定法面勾配＋覆土（土質系）＋浸透水・地下水揚水井戸＋廃棄物内自然換気＋焼却灰の洗浄撤去	B－2案（事務局提出） 全周遮水壁＋安定法面勾配＋覆土(シート系)＋浸透水・地下水揚水井戸＋廃棄物内強制換気＋焼却灰の洗浄撤去	C案（事務局提出） バリア井戸＋安定法面勾配＋覆土（シート系）＋浸透水揚水井戸＋廃棄物内強制換気＋焼却灰の洗浄撤去	D案（事務局提出） 原位置での浄化処理 （B-1, B-2, C案のいずれかを選定）＋有害な物質の掘削除去
期間等	対施工工期	約16年	約13年	約３年	約３年	約２年	・掘削除去の対象物の量及び質によっては、工事費、工期は大きく変わる 約３年＋α （掘削工事）
	遮水壁耐用年数	約30年	約30年	約30年	約30年	—	
	産廃特措法適用期限	平成24年	平成24年	平成24年	平成24年	平成24年	平成24年
経費 ○イニシャルコスト →対策事業費 ○ランニングコスト →施設の維持管理費 →モニタリング事業費		イニシャルコスト: 399.9億円 ランニングコスト: 8.1億円 （30年） トータルコスト： 408.0億円	イニシャルコスト: 235.6億円 ランニングコスト: 7.2億円 （30年） トータルコスト： 242.8億円	イニシャルコスト: 32.5億円 ランニングコスト: 12.7億円 （30年） トータルコスト： 45.2億円	イニシャルコスト: 39.3億円 ランニングコスト: 13.0億円 （30年） トータルコスト： 52.3億円	イニシャルコスト: 14.3億円 ランニングコスト: 21.9億円 （30年） トータルコスト： 36.2億円	

未計上工種	・有害な物質の洗浄作業費 ・飛散防止シートの転用作業費 ・鉛直遮水壁位置の基面整備費 ・鉛直遮水壁の排泥処理費 ・鉛直遮水壁の土留め壁としての芯材費 ・掘削時の飛散、有害ガス放散防止費 ・焼却炉施設等の解体撤去費 ・掘削時、廃棄物の含水費調整費	・有害な物質の洗浄作業費 ・掘削、埋戻し材(土砂)の仮設道路工事費 ・掘削ヤードの大型テントの基礎工事費 ・掘削ヤードの大型テントの移設、養生費 ・掘削ヤードの大型テントの強風時等の補強費 ・掘削底面の排水、水処理費 ・飛散防止シートの転用作業費 ・鉛直遮水壁位置の基面整備費 ・鉛直遮水壁の排泥処理費 ・鉛直遮水壁の土留め壁としての芯材費 ・掘削時の飛散、有害ガス放散防止費 ・焼却炉施設等の解体撤去費 ・掘削時、廃棄物の含水費調整費 ・分別土砂の土壌分析費	・鉛直遮水壁位置の基面整備費 ・鉛直遮水壁の排泥処理費 ・鉛直遮水壁の水圧抵抗としての芯材費 ・既設建築物（事務所棟）の解体撤去費 ※D案の場合は有害物質の一部撤去に係わる総費用	・鉛直遮水壁位置の基面整備費 ・鉛直遮水壁の排泥処理費 ・鉛直遮水壁の水圧抵抗としての芯材費 ・既設建築物（事務所棟）の解体撤去費 ・シート敷設法面の養生費 ※D案の場合は有害物質の一部撤去に係わる総費用	・シート敷設法面の養生費 ・バリア井戸の予備施設費（ポンプ更新費など） ※D案の場合は有害物質の一部撤去に係わる総費用	

出典：滋賀県資料「RD最終処分場問題対策委員会　委員会報告（答申）」, p.45

全量ではなく、廃棄物の中から有害物を選別して撤去するというＡ２案（工期一三年、二百四二億円）と有害物を現地で封じ込めるＢ案のどちらを採用するかという点に議論が絞られてくる。審議の終盤になって、Ｂ案が不利と見た対策委員会事務局（滋賀県）は、有害物を撤去するのではなく原位置浄化を基本とするだけで、その内容があいまいなＤ案を提案する。

二〇〇八年三月、滋賀県は昨年一〇月から行ってきた処分場の掘削調査によって発見されたドラム缶が百四二個に上ったと発表。また地元の自治会はこぞって、原位置浄化案ではなく、有害物撤去案を採用するように知事に要望する。

結局、対策委員会は、三月二一日に開かれた会議でＡ２案を推奨する対策工法として答申することに決定。四月九日に報告書を知事に渡した。ところが、これは、その後の混乱の幕開けにほかならなかった。

県方針表明後の混乱

報告書提出から一か月も経たない五月七日、嘉田知事は定例記者会見で「全量撤去は困難」と表明する。理由は、時限立法である産廃特措法を利用しようとすると二〇一二年度までに事業を完了しなければならず、工期に一三年かかるＡ２案は採用できない、というものである。しかし、これはまったくふざけた話であった。なぜなら対策委員会では、産廃特措法の枠内で対策工法を審議しろという話は一切なかったし、もし、時間的制約が絶対条件であるのなら、そもそも県が当初提案してきたＡＢＣの三つの案のなかに、Ｂ案以外に条件を満たす案がなかったことになる。また明らかにＡ案とＣ案は実現が非現実的な極論であり、事務局は初めからＢ案を委員に選ばせようとしていたとも考えられる。

当然、地元住民はこれに猛反発する。五月一一日に行われた知事を交えた県と住民との意見交換会では、あらためて有害物の全量撤去を求める住民の声が圧倒的であった。この集会は「意見交換会」とは名ばかりのもので、知事は、自らの意見を述べて住民と議論したわけではない。知事はこの場で、基本的に住民の声を聴く姿勢に終始したことに注意しておきたい。彼女は、閉会後に報道陣の質問に答えて「全量撤去が必要なら採用すべきだし、部分的な撤去で住民の安全が確保できるのなら採用すべきだ。皆さんの意見を反映する形での対策案を早急に作る」と述べている（『毎日新聞』二〇〇八年五月一二日付）。

そして、彼女は五月一三日の記者会見で、記者の質問に次のように答えた。滋賀県庁ホームページにある記録から引用する（以下同様）。

［読売新聞］

ＲＤの関係で伺いたいんですけれども、一週間前の会見で、対策工法を検討する際に、財政問題は、考慮せずですね、住民の安全、安心を考慮して決めたいとおっしゃっていましたが、その点についてお考えにお変わりはないんでしょうか？　ちょっと確認をさせていただきたいんですが。

［知事］

はい、マニフェストでもお約束させていただきましたけれども、このＲＤ問題については、県の過去の責任に対して謝罪をさせていただき、併せてですね、住民の皆さんの安全を確保するということのお約束をさせていただいております。そういう中で、安全確保ということが何よりも大事だと思っております。

それと、これはマニフェストには特に書いてはないんですが、平成一八年の一〇月にＲＤ問題対応に対する基本方針を出させていただきました。

そこには、なぜこういう問題が起きてしまったのかということを解明するために、排出者責任を問うということ、それと、行政の責任をきちんとフォローするために、行政対応評価委員会を作るということ。それと三点目に、その安全を確保するための対策工と申し上げました。

そういう中で、今、住民の皆さんが一番心配をしているのは、安心の部分、あるいは、県に対する信頼だと思っております。

残念ながら、昭和五四年以降、特に平成一桁の時代、住民の皆さんがいろいろ問題、悪臭、あるいは、違法物があるという情報を県に寄せながら、県が対応をとりきれなかった。また、平成一一年の硫化水素が出てからも、もちろん、行政代執行などはしているんですが、そのプロセスなどに対しても不信があったということで、やはり住民の皆さんが安心していくため、もらうためには、信頼関係を取り戻すことが大事だと思っております。

そういう、ちょっと長くなりましたけれども、その安全と安心を確保するということが第一でありまして、そこにお金がないからということは言うべきではない、というのが私の基本姿勢でございます。

原位置浄化案の採用

「安全と安心の確保が第一」これは、住民にとっては心強い発言だった。ところが、この期待は裏切られる。この記者会見から二日後、説明会からわずか四日後の五月一五日、嘉田知事は議会で有害物の全量撤去案を採用しないことを正式に表明する。嘉田知事は、議会の農水・環境常任委員会で次のように述べている。

A2案を採用した場合の周辺の生活環境への二次的被害のおそれがあります。きょうもさきほど申し上げましたが、悪臭、交通渋滞、震動、排気ガスの散乱などによる二次的被害を絶対に起こしてはならない。現在の危険以上に危険なことを起こしてはならないと、当日も説明させていただきました。対策工によって生活環境が悪化するのでは元も子もありません。地元の皆さんからは、この説明に対して特にコメントはありませんでした。そのようなことから総合的な判断をさせていただき、これからの不安と不信を払拭する努力をすることで責任を持ってD案を提案させていただきたいと思っています。

また、「D案を押し通していけば、県は財源問題ありきに考えた解決策をとろうとしていると地元に理解されるのではないかと心配しますが、どうですか。初めにD案ありきという姿勢では、地元の理解が得られないのではないかと心配します」という議員の質問に対しては、次のように答えている。

安全を確保する目的は命を守ることです。D案によって命を守れないおそれがあれば、お金を幾らかけてでもほかの方法をとるべきです。つまり、命を安全と引きかえるべきではないと思いますが、D案を着実に実行することによって命の安全を確保できる見通しを持っているので、D案を提案しています。

その後行われた定例記者会見（五月二〇日）では、この判断が「清水の舞台から飛び降りるようなこと」であり、五月一一日の説明会は「決断の大変大事なステップ」であったが、「私はここは一旦悪役になっても、全量撤去というの方針をとれないというのが、知事としての責任でございます」と言い切った。そのやりとりを抜き出しておこう。

［毎日新聞］

追加でよろしいですか。今ご説明わかりましたけれども、普通に考えると、住民の方たちに、言うのが先というふうに思うのが普通じゃないかなと思うんですけれども。

それと（意見交換会を…筆者）四日前に聞かれて、その四日前の段階では決めてなくて、ほんとに忌憚なく聞かれて決められたということであれば、その四日間に何があったのかと。知事がどのように考えられたのか、あるいは事務方がどういうふうに意見を具申されて、そこに至ったのかという説明が必要だと思います。

私の言う説明というのは、そこに至るまでの経緯はわかるんですけれども、その四日間に何があったのかということの説明であって、決定のプロセスが見えないと申し上げるので、そこをもう一度お伺いしたいですが。

［**知事**］

はい、それこそ二年も三年も考えてきたことでございますので、その総合的な判断をする時には、まさに清水の舞台から飛び降りるようなことでございますので、それは私自身の過去の資料を見ながら、また今知事としての責任をきちんと表明しなければいけないという決断でございます。

そういう意味で、その四日間に何らかの働きかけがあったということではなく、これまでの二年以上にわたる、また委員会でも申し上げましたけれども、三〇年以上日本各地の公害問題の現場を見てきた中で、安全を確保する特に水質汚染、地下水汚染に関する不安を払拭しながら安全を確保するための手法、そして県の政策に対する不信、その払拭をしていくための決断の、自らの決断の時間でございました。

そういう意味で特別にどなたかからの呼びかけとか、あるいは働きかけということではなく、私自身の決断でございます。

［読売新聞］

対策工法についてなんですけれども、住民の方が全量撤去を望まれるのは、ある意味当然かと思うんですが、知事が全量撤去を選択しないご説明は周辺環境、生活環境に支障がでると、だからこそ全量撤去を選択しないいんだとおっしゃっていますけれども、そういったご説明の仕方が、ある意味また住民から反発を招くというようなお考えはないんでしょうか。

［知事］

反発を招いていることも、その直接の意見伺っております。

しかし、ほんとに生活環境なり、住民の皆さんの命、健康を心配する立場からしますと、これからあそこに、有害物を除いたとしてですね、濃度の濃い有害物を、ダイオキシンなりあるいは一部の鉛汚染の土壌なども除いたとして、それで、あそこでいわば現場浄化ですね、現地浄化をするという手法と、それを全て運び出すという手法を考えると、やはり私は二次被害の懸念が大変大きいわけです、そのことは五月一一日に申し上げたとおりです。

それに対して住民のみなさんから反発がおありだということも、伺っております。

しかし、今まで例えば全量撤去を決めたのは、青森、岩手、また豊島などですが、かなり住宅地からも離れていてまた、問題も輻輳しているところでの全量撤去と今回のＲＤとは、条件も違います。ここで責任を持ってですね、一三年かけて全量撤去ですと言うことは、逆に無責任になると私自身が判断した、それが大変重たい判断でございます。

そういう意味で、一時色々な批判をいただいても、これが地元の皆さんの安全を担保する知事としての決断だと言うことを申し上げたいわけでございます。

［読売新聞］

何度も申し訳ないんですが、全量撤去について、知事もこの前の県議会でご説明されてらっしゃいましたけれども、いわゆるＡ２案はできないけれども、他の約四百億の撤去については技術的には可能だというスタンスをとっていらっしゃるわけですね。

ただその一方で、遮水壁を設置する工法をやりますとおっしゃっているわけですね。当然住民の方は全量撤去を求めてらっしゃるわけですけれども、おそらく何らかの理由で、県サイドとして全量撤去を選択できない状況にあるんであれば、先ず住民の方に謝罪をするお考えはないのかということと、いわゆる、全量撤去で生活環境に支障がありますよというご説明が、言い方大変失礼で申し訳ないんですが、あなたたちのためにもそれがいいんだよというような言い方に聞こえてですね、ある意味上から目線というか、そういったような感じを住民の方が受けてもしょうがないという気もするんですが、そのことについて、大変失礼で申し訳ないんですが、お考えをいただけますか。

［知事］

ちょっと追加になりますが、全量撤去が極めて難しいもう一つの理由は、これは安定型廃棄物処分場であって、全てが全部不法投棄ではないということで、県が県費を入れる前の段階で、いわば措置命令をかけるという法的プロセスがございます。

その措置命令をいわば安定型処分場として、許可したところまで含めて出すというのは、これは法的にも逆に住民訴訟の対象にもなるような、法的課題がございます。ここのところが、最初に申しあげました平成一八年の事業者責任、あるいは排出者責任に関わる大変大事な法的プロセスです。つまり、県が代執行する前に、措置命令をかけるというプロセスが法的にあります。その法的プロセスのところで、全量撤去は極めて難しくなるだろうという判断もあるわけです。

それから、二点目ですが、住民目線ではなく上の目線だということでございますけれども、まあ住民の皆さんの意見というのも大変多様でございますので、そういうサイレントな部分も含めた形で、私はここは一旦悪役になっても、全量撤去という方針をとれないというのが、知事としての責任でございます。

新たな事実

この嘉田知事の説明は、はなはだわかりにくい。住民は有害物の全量撤去を主張しているのであって、廃棄物の全量撤去はそもそも県が言い出したことである。安全と安心を考えるならば、有害物を全量撤去するのがいいことは、だれの目にも明らかである。記者の質問に対して、工期の長さが安全の面から問題だというのは、その工事期間、安全確保について費用をかけずにやろうとしているからではないか。

また、そもそも安定型処分場には安定品目以外の有害物を埋めてはいけないのだから、それを取り除くことに、「住民訴訟の対象にもなるような、法的課題」があるはずもない。

嘉田知事は、その後自ら地元に出向いて説得にあたるが、逆に住民の側からの批判の嵐にさらされることになる。新聞記事は、「住民からは全量撤去案の採用を求める声が続出。知事が、全量撤去した場合に工期が長期化し、騒音や悪臭などの被害が出ると指摘したのに対しては『この先数一〇年の安全が確保できるなら我慢する』と訴えたほか、『県の対策委員会が全量撤去案を推奨したことを無視するのか』との反発も聞かれた」と報じている（『京都新聞』二〇〇八年五月二九日付）。

しかし実は、県はこうした地元住民への説明会を開く裏で、県案に基づく工事の実施設計の手続きを着々と進めていた。それを知った住民側は、業者との契約締結は違法として監査請求で対抗する（六月六日付新聞各紙）。県のこうした行為は、事実上、住民側との対話によってどんな意見が出てきても、あくまで原案を推し進めようとすることを示すものに他ならないものであり、住民説明会は、意見を聞く見せかけのポーズであると言われても仕方がないだろう。

六月一三日、処分場周辺の七つの自治会への説明会が終了した翌日、新たな事実が判明する。同日の県議会の環境・農水常任委員会において、この問題を担当してきた琵琶湖環境部長（Y）が、対策工法を決定した時期を問われて、知事も参加した四月一五日の部長会議で議論して遮水壁設置の原位置浄化案が妥当だと確認した、述べたのである（京都・産経・毎日・読売各新聞二〇〇八年六月一四日付）。すなわち、知事が五月一一日の説明会について「決断の大変大事なステップ」と言っていたことが、身内から否定されことになる。その後、この部長は「会議では部としての判断を説明した」だけだと説明し、知事も四月一五日の段階では、担当部局から報告を受けたということで、決定はしていなかったと強調したが、事実がどうであれ、この一件は、住民たちの知事への不信感を一層増大させた。

この後、滋賀県と住民側との対立は膠着状態に陥る。嘉田知事は、議会において「住民との合意と納得は絶対条件」(『毎日新聞』二〇〇八年六月二八日付)と述べる一方で、原位置浄化案を譲ろうとしなかったからである。七月には部長を更迭、新しい部長(X)は、場内にある焼却炉を撤去するとともに将来処分場の県有地化することを約束したが、結局、対策工法についての同意を得られたのは、七自治会中一自治会にとどまった。

同意した自治会は、処分場に近接する集落。これまで処分場からの被害をもっともこうむってきた地域である。[1] このとき嘉田知事は、夜にわざわざ地域に出向いて謝意を表明している。

矛先の転換

こうした事態を受けて、二〇〇八年一二月、滋賀県は説得の矛先を変える。知事は四日の定例会見において、「栗東市さんに汗をかいていただくのは自然な流れ」だとして、市の積極的な協力を求めるとともに、これまで説得を続けてきた地元自治会に加えて、栗東市の同意を得て対策を推し進める方針に転じたのである。

栗東市議会は、二〇〇九年一月に臨時議会を開いてこの問題を審議、一〇対八の議決で県案受け入れを決定する。当時栗東市は、中止になった新幹線新駅問題の影響で財政再生団体に転落する危機を迎えていた。新聞は、「土地公社問題の栗東市　知事財政支援に前向き　四七億円返済めどつかず　RD関連は否定」と書いている（『京都新聞』二〇〇九年一月二〇日付）。

おそらく新聞記事の通り、滋賀県が、財政支援の見返りに栗東市に同意を求めたことはなかったであろうが、この時期、滋賀県が栗東市に対して有利な立場にあったことは事実である。産廃特措法は、地元合意を定めているが、周辺の地域自治会から合意を得なければならないとしているわけではない。基礎自治体から工法についての合意を得たことは、十分地元合意とみなされる。つまり、これによって滋賀県は、自ら正しいとした対策工法を断行できる条件を整えたことになる。

さらなる混迷と膠着

ところが嘉田知事は、この土壇場になって「悪役になっても」「清水の舞台から飛び降りる」覚悟で決めたといった案を押し通すことを突如中止する。二月三日の定例記者会見において、新年度の予算に対策費を計上しないことを表明するのである。

彼女は、会見で次のように述べている。

住民の皆さんの合意と納得が十分に得られていない段階で、今の対策工、県が出しております、よりよい原位置浄化策を強行いたしますことは、住民の皆さんにより一層、まぁ、不安が払拭できないということがございますので、今回は当初予算には、対策工の工費そのものは見送らせていただいて、まずは、住民の皆さんとの協議を優先させていただきたいと思っております。

これは、県案に反対し続けてきた住民側にとっては、結果としてはよかったことなのかもしれない。しかし、臨時議会を開催してまで、県案への賛成を決めた栗東市の面子は、完全に潰されたことになる。そして、協議継続を言いながら、何らこれまでと変わり映えのしない知事の言葉は、実際交渉にあたってきた県側、住民側いずれの関係者にも、この九か月の話し合いはなんだったのか、という思いを残した。

滋賀県があてにした産廃特措法の適用を得るためには、対策工法が二〇一二（平成二四）年度末までに効果が得られるものでなければならない。県が住民同意を急いだ最大の理由はそこにあった。しかし、二〇〇九年度予算への計上を見送ったことで、この法律を利用して最終解決をはかることはほぼ不可能になった。そこで県は、国に対して産廃特措法の延長を働きかけることになる。

この時、幸運だったのは、この法律の延長に積極的だった民主党が、夏の総選挙で政権を握ったことである。これによって、再び産廃特措法を活用する光明が見えてきた。しかし、一方住民同意については事態の好転は見られなかった。県は、住民側に対して第三者を入れた協議機関を作ることを提案したが、対策委員会答申を反故にしたという経緯があるだけに、なかなか住民側の同意を得ることはできなかった。この時期、滋賀県は、後の章で詳しく論ずることになるが、元従業員らから聞き取った有害物の違法投棄の実態に関する情報を隠し続けたし、知事は二〇〇九年九月の定例県議会においても、「有害物の全量撤去は困難」と述べるだけだった。県の姿勢は、このように、これまでとほとんど変わらなかったので、事態は完全に膠着してしまった。

二〇〇九年一一月になり、こうした状況をみかねた国（環境省）が動く。当時、環境副大臣は、地元滋賀県選出の田島一成氏であった。彼は、処分場を視察するとともに、県に対して早急に処分場の対策工事について実施計画案を作るようにと指導。これを受けて知事は、直後の一二月議会において、「有害物除去などの課題解決にできる限りの対応をすることが大切」と、住民側が求める有害物除去に前向きと受け取られる発言を行った（『京都新聞』二〇〇九年一二月三日付）。

環境省の助言を受けての方針転換

二〇一〇年になり、事態は少しずつ動き始める。環境省は、県に対して処分場の調査をやり直すことや有害物の定義を明確化して除去を進めるべきだと助言した。滋賀県は、これを受け入れて、住民側へ調査のための検討委員会を住民側推薦の委員をも入れて設置したいという意向を示した。しかし、住民の間にはこれまで積み重なった県への不信感が根強くあったので、すんなりと合意するには至らなかった。

四月、この問題に取り組む県の人事体制が一新される。部長、管理監、室長は総入れ替えになり、一般職員の多くも異動になった。これはこの問題の歴史の中で、まさに画期的な出来事だった。新しい部長は、五月の住民説明会において「かけひきを排除して取り組み、具体的な調査に進みたい」「調査結果によっては、有害物を現地で浄化するとした県案にこだわらない」「有害物はできるだけ除去する」と発言（『読売新聞』・『中日新聞』二〇一〇年五月一九日付）、また新たに元従業員への聞き取り調査を行い、これまでの調査結果と併せて住民側に開示した。これは、住民側から要求があったからというわけではなく、自発的に行ったものである。またことあるたびに、幹部職員自らが積極的に地元に足を運び、地元住民の声に耳を傾けた。

こうした県の態度変化を受けて、六月には地元の全自治会が処分場の調査に同意。そして一〇月には、調査検討委員会が発足して活動が始まった。それ以降も、県と住民側との交渉は、しばしば対立を繰り返したが、以前に比べれば決定的な亀裂に至るようなことはなかった。そして、二〇一一年七月県は、当初二〇一三年度からとしていた処分場の対策工事を一年前倒しして行うと発表し（『中日新聞』七月一二日付）、その処分場の一次対策のための地元合意書も一一月に取り交わすことに成功する。

ただし、一次対策案を環境省へあげるために改めて開かれた行政対応検証委員会は、第一回会合が、住民側に全く知らされずに行われたばかりか、たった三回で審議終了。しかも事務局は、前回の総務部ではなく、検証対象組織である琵琶湖環境部に置かれるという、形式的、予定調和的な対応が取られた。

ぶれた判断

ＲＤ問題への対処の仕方を検証する限り、嘉田知事に優れたリーダーシップがあったとはとても言えない。就任してすぐ、住民参加の対策委員会を立ち上げたまではよかったが、本人は最初の第一回と途中第一〇回の会議に挨拶に出向いた限りで、担当部局に任せきりだった。行政職員はトップから明確な方針変更が示されない限り、前例を踏襲しようとする。後に述べることになるが、日本の地方行政において諮問機関は往々にして行政の隠れ蓑である。対策委員会事務局は、自らが終着点と定める答申案に向かって、会議を誘導しようとした。しかし、それは失敗した。

対策委員会答申は、まさに選挙において知事がマニフェストで県民に約束した内容に沿ったものだった。そして、一般的に言っても、知事は、本来自らが作った諮問機関の答申を尊重して対策工事の計画を策定すべきだった。ところが、嘉田知事は担当部局の意見に流されてしまった。筆者は、この時、新聞社からこの知事の方針表明の感想を尋ねられて、「知事は県民より県庁の声を聞き、環境よりも財政を優先した。住民の意見をどう聞いたのか、説明を聞きたい」と答えたが、この評価、そして思いは今でも同じである（『中日新聞』二〇〇八年五月一八日付）。

だいたい、有害廃棄物の搬出には悪臭等の二次被害が発生するから駄目だと言うが、それらは元々そこにあったものではない。入れることができて出すことができないというのはおかしいだろう。有害物撤去が安全上できないというのは、どう考えても後づけの理由である。またD案によって安全が確保されるというが、地下四〇メートルの遮水壁を処分場全体にめぐらして恒久的に維持するというのは、専門家も「実験に近い」（『朝日新聞』二〇〇九年三月四日付）と述べる事業である。そして、この事実は、関係者の間ではよく知られたことだった。

しかし、そこまで、自らの部下の判断を信頼するのならば、一度決めたことをあくまで貫徹させることも、リーダーとしての潔さであると言えるかもしれない。しかし、彼女はそれもしなかった。また彼女には少なくともこの後二度、自らの方針を転換させる、あるいは明確化するチャンスがあった。一度目は、これまでこの問題に携わってきたY部長を年度途中で解任した時で

表1－3　滋賀県琵琶湖環境部長の略歴

	琵琶湖環境部長職の在任期間	部長就任までの経歴
Z	2004.4.～2007.3.	湖南福祉事務所→企画部→生活環境部→総務部→東京事務所第二課長→秘書課→農林水産部→淡海文化推進室→企画県民部（課長級）→広報課長→琵琶湖環境部次長
Y	2007.4～2008.7	大津県税事務所→厚生部→土木部→教育委員会→企画県民部→土木部→琵琶湖環境部→教育委員会→琵琶湖環境部管理監→知事公室長
X	2008.7～2010.3	厚生部→総務部→秘書課→総務部→湖東地域振興局→総務部→琵琶湖環境部緑政課長→総務部予算調整課長→知事公室長→総務部経営企画監
W	2010.4～2012.3	商工労働部→総務部→空港整備事務所→企画県民部→政策調整部秘書課長→総務部税政課長→近江八幡市副市長→教育委員会次長
V	2012.4～	自治省財政局→和歌山県総務部→自治省消防庁→自治省大臣官房総務課→自治省行政局選挙部→総務省自治行政局→岩手県宮古市総務企画部長→総務省自治税務局→愛媛県総務部新行政推進局市町振興課長→総務省大臣官房総務課→滋賀県総務部管理監

※課長以上のみ役職を記載（ただし，同じ部内の移動は最終の役職）。

あり、二度目は二〇〇九年度の予算案計上を見送った時である。しかし、そのいずれの時にも彼女は部下に対して明確な指示を与えなかった。そればかりか予算案に計上しなかったことは、栗東市との信頼関係も悪化させてしまった。外からは、ただ知事はぶれている、としか映らなかった。

歴史的事実としてはっきりしているのは、部長解任から一年以上の間、事態解決に向けて何の進展も見られなかったということである。そして、やっと新たな動きが出てくるのは、環境省から尻を叩かれるように、処分場対策についての助言を受けてからであった。

どんな場合であっても、一度こじれてしまった人間関係を元に戻すのはたやすいことではない。この事例では、一〇年以上にわたって県と住民側の確執が続いてきたのだから、住民のわだかまりは相当なものだった。それにもかかわらず、膠着した事態が打開され解決に向けた新たな前進がなされたのは、二〇一〇年度になって新たに配属された県職員の活躍に多くをよっている。その中心になったW部長は、じつは前知事の時代に秘書課長を務めた人物であり、嘉田知事になってから県内の市に副市長として出向していたのが戻ってきたものである。W部長は、県民の反対にあって中止になった「びわこ空港」問題にも、長くかかわってきたという経歴の持ち主であった。また付け加えるならば、次席の管理監も県内市の副市長の経験者であった。その下の室長も含めて、彼らは、労力を惜しまず住民の声を聞きとろうとする、これまでの県職員とは全く違うタイプの人たちであった。彼らの、より住民に近いところで仕事をしてきた経験と、おそらくそれを通じて培われたねばり強さが、この問題の解決に向けた前進に大いに役立ったことは疑いえない。

表１－４　歳出決算額と義務的経費の状況

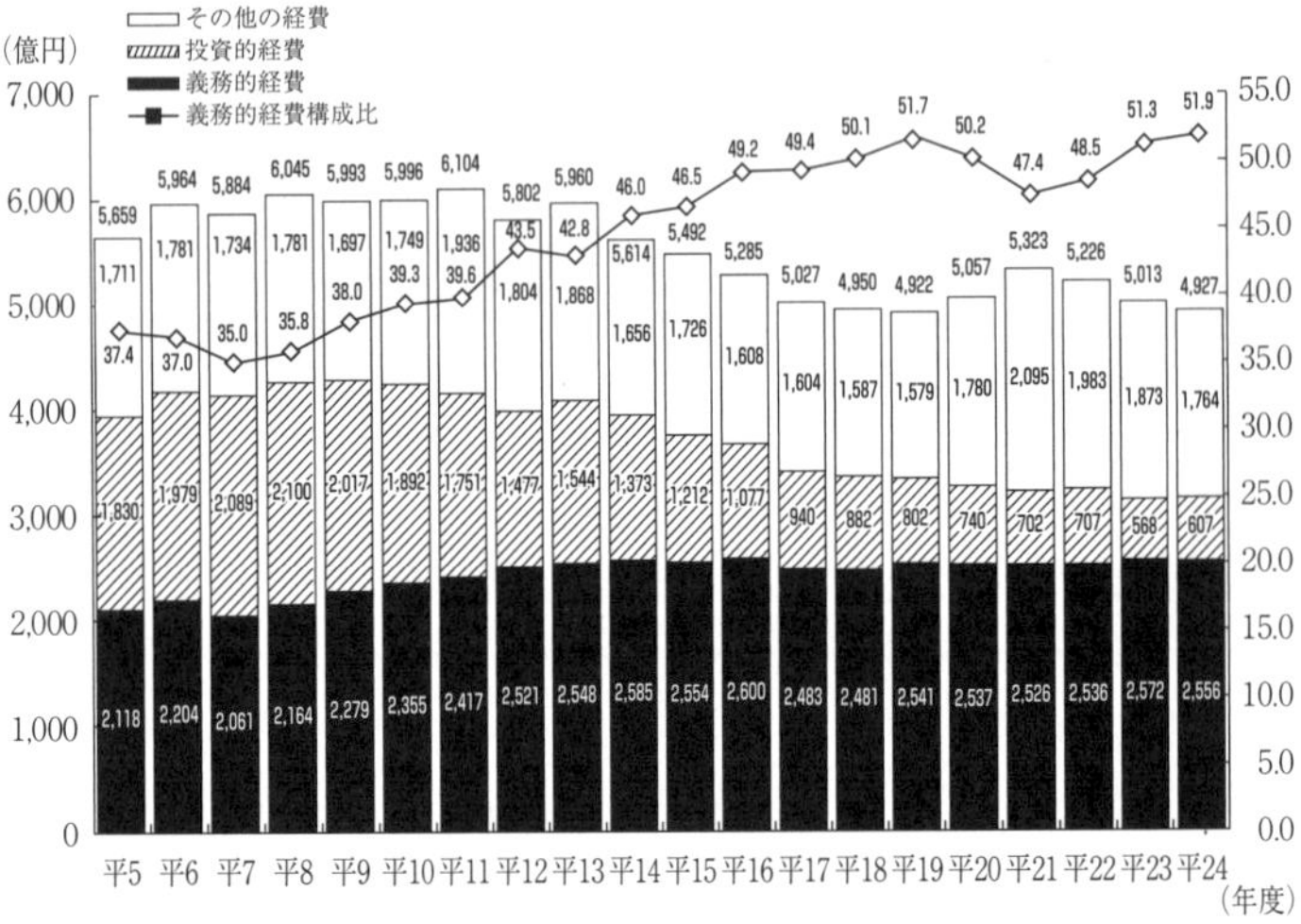

（注）
1　義務的経費のうち公債費については，借換債を除いています。
2　平成22年度までは決算額，平成23年度は９月補正後予算額です。

とはいえ、それによってこの問題が解決したわけではない。やっと解決に向けて、事態が再び動き出したに過ぎない。ＲＤ問題は、前国松知事時代に発覚してから七年間解決しなかったが、知事が嘉田さんに代わっても六年間、処分場改善の対策方針が定まらないまま右往左往を繰り返した。その間、地元住民は苦しみを抱え続けたのであり、その責任は行政当局、なかんずく指導力を発揮すべきトップの地位にある滋賀県知事にあることは疑いようがない。

財政問題と誠実性

嘉田知事に同情すべき点があるとすれば、県の財政事情であろう。嘉田知事が就任する以前から県の財政事情は厳しく、この問題の責任が県にあるとわかっていても、国からの

表１－５　歳入決算額，県債務残高および基金残高の推移（一般会計）

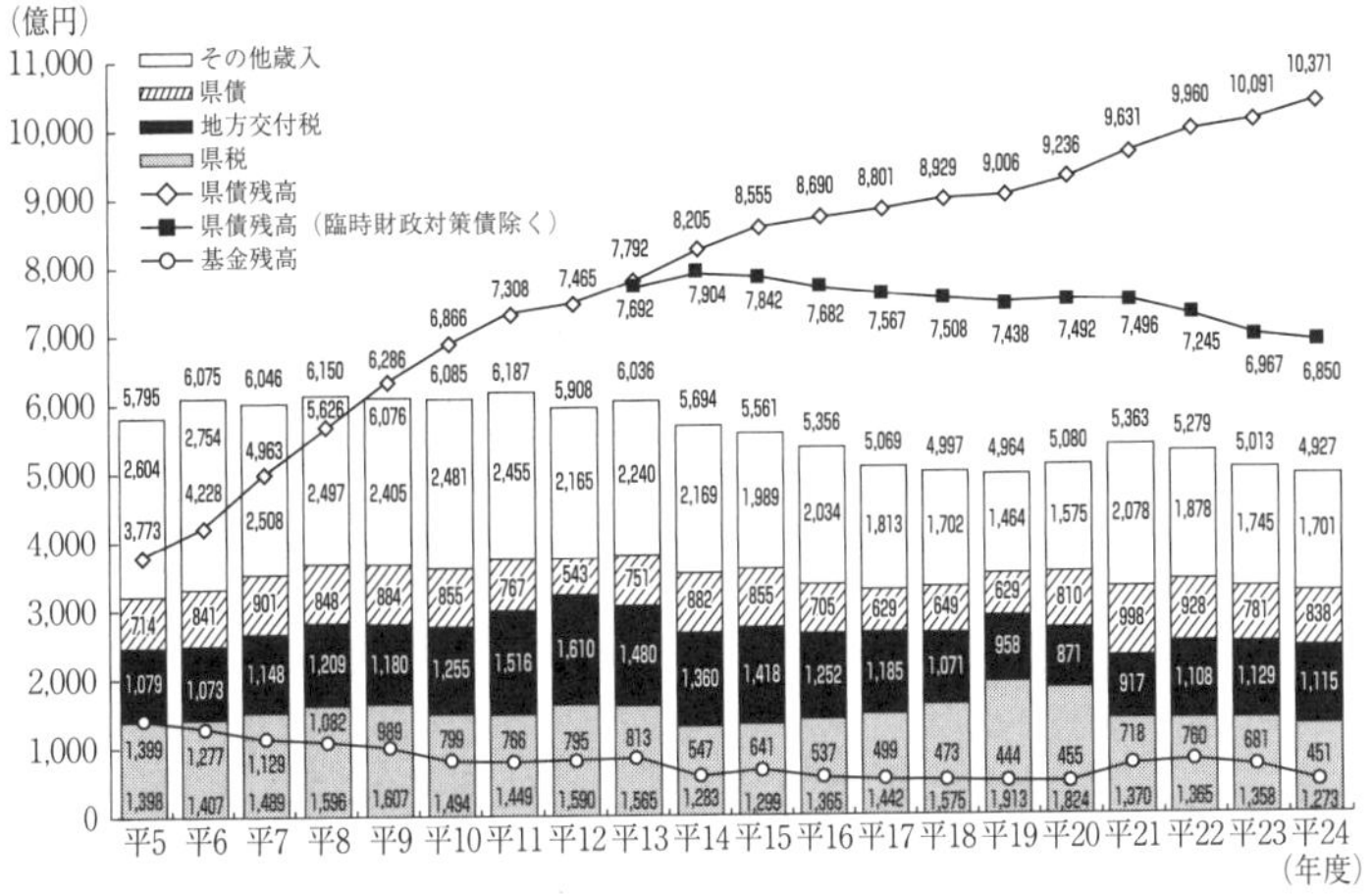

（注）
1　県債は，借換債を除いています。
2　平成22年度までは決算額，平成23年度は９月補正後予算額です。
3　県債残高および基金残高は各年度末残高であり，平成23年度は９月補正予算後の見込額です。
出典：滋賀県『財政事情』2012年５月，p.1, 2.

援助がなくてはどうにも始末がつけられない状況にあった。

それは誰もが分かっていたことである。しかし、嘉田知事は、「お金がないから有害物撤去ができない」ということをいっさい認めようとしなかった。「命を守れないおそれがあれば、お金を幾らかけてでも」の言ったのである。そして、地元が望んだＡ２案に対しては、一三年にわたる工事は周辺の住民の生活環境を破壊するなどと、さも自分だけが見通しているかのように、上からの目線で理屈付けした。それがかえって住民からの反発を招いてしまったのである。

ではどうすればよかったのか。滋賀県はこの事業に投資できる予算が限られていた。住民側は有害物の全量撤去を望んでいた。ならば、お金をできるだけかけずに有害物をできるだけ除去する方策を一緒になって考えればよかったのである。ところが、滋賀県はあくまで面子にこだわった。建前だけの安全・安心第一を言い続けた。そして地元住民の心を置き去りにして、安上がりな対策工法への同意を迫ったり、栗東市の同意を地元住民の同意にすり替えて、対策工事を始めようとしたのである。

一言で言ってしまえば、滋賀県そして嘉田知事には、「誠実さ」が足りなかった。

もし、滋賀県そして嘉田知事が、解決にこれほどまでに時間を要した原因が何であったのかを真摯に反省し、今後の教訓にするならば、この長い年月はけっして無駄ではなかったと言えよう。しかし、知事にはその気がなさそうである。二〇一二年六月二七日、議会で「住民とのリスクコミュニケーションの必要性、住民との信頼に関する知事の所見」を問われて、知事は次のように答弁している[2]。

対策工事の計画、実施にあたっては、周辺住民の不安を解消し、工法に対する信頼を得るため、さまざまな情報の共有や話し合い、いわゆるリスクコミュニケーションをしっかりと行うことが重要であると考えております。過去六年を振り返りますと、何度も何度も住民の皆さんとのやりとりの中で、私自身は周辺七自治会の理解と納得なしにこの事業を進めるべきではないと原則を曲げずに行ってまいりました。それもひとえに、リスクコミュニケーションの深化があった。そして、その必要性を求めていたからでございます。

これまで、周辺住民の皆さんとは、情報をすべて公開し、調査の方法、対策の内容について透明度を高めて、話し合いを重ねてまいりました。

今後も引き続き、対策工事の内容や工事の進捗状況、モニタリング結果等について話し合いを行いながら、この問題の解決に向けて取り組んでいきたいと考えております。

「周辺七自治会の理解と納得なしにこの事業を進めるべきではないと原則を曲げずに行って」きたのなら、なぜ自治会の同意が得られないまま栗東市の同意を取り付けようとしたのか。そして次章以降で明らかになることだが、滋賀県が「情報をすべて公開し、調査の方法、対策の内容について透明度を高めて、話し合いを重ねて」きたとは、とても思えない。そして実際、一次対策工事を始めるにあたって再結成された行政対応追加検証委員会が、わずか三回の審議で答申を出したこと、そしてこの諮問委員会の事務局が、前回と違って総務部ではなく、検証を受ける当の対象である琵琶湖環境部に置かれたところをみると、自発的な改善はあまり期待できそうにない。

以上、論じてきた結論として言えることは、この問題に関してみる限り、嘉田知事は自ら主唱する生活環境主義の実践に失敗したということである。これは、彼女のリーダーとしての資質あるいは能力の問題もあろうが、それだけではなく、その思想が内包している問題に根本の原因があると見るべきだろう。この点についてはまた後で論じることにする。

注

（1）　問題解決に際して、社会的弱者であればあるほど、防衛的で消極的な対応をせざるをえないことは、これまでの被害研究が明らかにしてきたことである。船橋晴俊編『環境社会学』弘文堂、二〇一一年、一三頁。

（2）　滋賀県ホームページ最終処分場対策室議会速報

http://www.pref.shiga.jp/d/saisyu/touben/2406teireikai.html

第二章　隠された証言

元従業員の証言集

一九九九年処分場から硫化水素ガスが発生していることが発覚した後、この問題に取り組む市民運動団体「産廃処理を考える会」は、独自に元従業員への聞き取り調査を行った。それは二冊の冊子にまとめられている。いくつか抜き書きしよう。

●病院にいって検査済みの血液や試験管を洗った液、尿などピットにたまっているものをバキュームで直接吸います。一応消毒したことになっていますが、内容はわかりません。感染性のものもありました。薬品会社では動物実験などの液があります。使った薬品や化学物質が混じっています。病院も薬品会社のも、においがきつくて「ウッ」と吐きそうになって、五分くらい続きます。しかしにおいというものは慣れてくるものでだんだん感じがなくなってきます。

●その液をもってかえってくると、山を管理しているものが、横並びに掘ってある穴の一つを示して、「ここへ」「あそこへ」と指示します。そこへ移動し、バキューム車から直接土の中に捨てていました。とにかくにおいがきつい。あとで、これらは本来焼却すべきものであることを知りました。

●燃やした灰はその場で埋めていました。本当はＲＤの経営している三重県の管理型最終処分場に埋めないといけないのですが、栗東町で埋めていました。ただカモフラージュのために二〜三ヵ月に一回くらい三重にダンプで運びました。灰に水をかけて飛ばないようにして運んだものです。

●一回運ぶとマニフェスト（伝票）には何回も運んだように、三重の人が記録していました。

●行政の監査があるときは、とにかく隠していました。土をかぶせてしまうということです。ドラム缶もそうですし、調整池もそうです。

●監査の通知から実施まで一週間くらいありますので、調整池の汚いところをバキュームで吸って、排出口を止めて液が調整池に入らないようにします。ふだんは真っ黒な液が調整池に入り込みます。排出口を止めて一週間もすると、前のは沈殿して表面的にはきれいになります。

●ドラム缶は、以前から埋めていたようです。平成七年に大量に埋め立てました。一週間前に県から監査の通告があって、積んであったドラム缶を処理しなければならなくなりました。

●このドラム缶は、炉のうらの方に長い間おいてあったもので、千本くらいあったのではないでしょうか。長く野ざらしでおいてあるので、缶が壊れていたり膨張しているものもありました。

●運べるものは、情報高校の裏のほうに、夜の間に運びました。中を見ると液体やどろんとしたものや固まっているものなどいろいろでした。廃油もありました。色は黒っぽいものでした。においもいろんなにおいが漏れていました。

●壊れかけていたり、運べないものは、ユンボーで穴を掘って、ドラム缶を横に並べて上からユンボーで潰しました。中に入っている油が飛び散って土に浸みました。その上に土をかぶせて、さらにその上にドラム缶を横にして潰しました。夜の二時頃まで作業をしていたら、警察がきたので作業をやめました。

（以上は、産業廃棄物処理を考える会「恐るべき、産業廃棄物処理場『RDエンジニアリング』の実態」一九九九年一二月より）

●どこと言えないほど、注射針や血のついた綿やガーゼや何もかも埋めた。びっしりはいっている。何ヵ所掘ったやらわからないくらい。何もかもいっしょ。これはひどい。自分は重機に乗って、みんな見ている。
●注射針、綿花などいっぱい入っている。綿花は血なんかついている。最初燃やすかと思っとんたんや、穴に埋めるんや。箱にはいっていない。もうばらばらで、入っとってもナイロン袋に入ってるぐらい。
●ダイオキシンの検査は前もって連絡あるからな。あちこち掘って土入れ替えるわけやな。そこのいい土を調べるからないわな。出えへんわな。関係ない土を入れておく。一メートル四方くらいで、深さは三〇センチくらい。会社と県は掘るとこ決まっている。そこの土をもって帰ってダイオキシン調べ心配ないと言っている。あたり前や、出ないはずや。

●放射能のまざった「レンガのかす」とかを埋めるのを見ていた。レンガは色が変わっているし、ばらばらやわな。何かを焼いた残りやろな。これは尼崎のごっつい「クボタ」からきたものやな。このときは「ちょっと具合の悪いものがくるから」という話があった。会社のものはみんな知ってるわ。ＲＤのダンプが引きとりに行って、もって帰ってくるときに、向こうの会社のもの二人が車でついてきて、埋めるのを写真撮って、終わったらまた写真撮って。間違いなく処分したという証拠が必要なんだろう。ふつうはついてきたり、写真を撮るということはない。

（以上は、産業廃棄物処理を考える会「何でも埋めたから大変なことになる　これは掘った方がいい　ＲＤ産廃処分場証言集（第二集）」二〇〇一年二月より）

まったくひどいものである。ところが、滋賀県は当初この市民運動団体が作った証言集をまともに取り扱おうとしなかった。誰が言ったのかもわからない証言は相手にできないというのである。そして、正式に調べてほしければ、証言者の氏名を教えろと言ってきた。

しかし、市民運動団体はこれを拒否した。これらの証言は匿名を条件に得たものであり、証言者本人の同意がない以上、それを明らかにすることはできない。詳しく知りたいのなら県は独自に調査すべきだと返答したのである。

証言は重大な事実を伝えていたのにもかかわらず、滋賀県の反応は鈍かった。二〇〇〇年一一月に証言通りに放射能をもつ違法トレーが発見され、排出業者に撤去させたことを除いて、これらの証言に基づく調査は結局実施されず、長期間放置された。滋賀県が突然思い出したように、ドラム缶調査を行って、またしても証言通りそれが発見されたのは二〇〇五年九月になってである。この間、滋賀県は、住民側の声よりも、違法操業をしていないというＲＤ社の言い分を信じて、事態を鎮静化しようとし続けたのである。

滋賀県は、事実の解明に極めて消極的だったと言わざるをえない。住民の声に、この問題は基本的にＲＤ社の責任であるとの理由で、主体的な介入をしてこなかった。ＲＤ社は二〇〇六年の六月に倒産したが、滋賀県が自ら元従業員等を対象にして操業実態を調査し出すのは、その年の暮れになってからである。すなわち、ＲＤ社が倒産し、いよいよ責任を押し付ける先が無くなってから、やっと重い腰をあげたのである。それは問題発覚から七年後のことだった。

しかし、ＲＤ社の倒産で事態が一変したわけではない。住民運動をまるで厄介者とするような滋賀県の態度は、その後も基本的に変わらなかった。

情報公開請求

二〇〇六年の夏に、国松善次さんから嘉田由紀子さんへ知事が替わる。これは、それまでの滋賀県の態度が変わるかと期待される出来事だった。しかし、住民運動に対する滋賀県の冷淡さは、相変わらずであった。その端的な例が、情報公開の問題である。

筆者は、情報公開条例に基づいて、二〇〇七年一〇月に滋賀県に対して、元従業員等から入手した証言を開示するように請求を行った。ところが、この請求は認められず、情報は非公開とされた。公開すれば関係者へ今後の責任追及を行う上で支障が生まれる、というのが滋賀県の理由である。

しかし、もはやRD社は存在せず、行政が主体となって処分場の実態を解明して、対策を講じていかねばならない。その時、実際に違法物や有害物が、処分場のどこにどのようにして埋められたのか、知っておくことの必要性は疑いえないだろう。県は、その情報の価値を認めつつも、住民に教える必要はないと判断したのである。

これまで被害を被ってきた住民に、何が起きていたのかを教えないのは、どう考えてもおかしい。また、それでは処分場のどんな改善策が示されようとも、住民側の不安感は消えないし、納得もしないだろう。この判断は、全く首肯し難いものであった。そこで筆者は、この決定に対してすぐ行政不服審査法に基づく異議申し立てを行った。これを受けて、滋賀県情報公開審査会が開かれ審議された。そして、ほぼ一年間の審議期間を経て、二〇〇八年一二月末に、やっと筆者の主張が認められて開示すべきとの答申が出された。

筆者がほっとしたのは言うまでもない。ところが、それですんなり開示されたわけではなかった。答申後もなかなか公開は行われなかった。筆者は「知事への手紙」で督促するなどしたあげく、滋賀県が情報提供したのは二〇〇九年二月下旬のことであった。

つまり、ここまで来るのに、最初の公開請求から一年半近くの時間を要したことになる。入手した資料には、これまで知られていなかった事実が記載されていた。筆者は早速その事実を記者会見して発表した。当時の新聞は、それを次のように報じている。

県案に反対　元従業員の証言入手の滋賀大教授（『中日新聞』二〇〇九年二月二七日付）

栗東市のＲＤ産廃処分場問題で、県が処分場の元従業員から聞き取った内容を情報公開請求で入手した滋賀大の早川洋行教授が二六日、内容を公開。「汚泥がそのまま捨てられたことが汚染の原因。有害物質の除去が必要」と、県の提示する案に反対した。

早川教授が入手した資料によると、県による元従業員からの聞き取り調査の中に、汚泥をそのまま処分場に捨てたという証言や、汚泥に廃プラを混ぜて埋め立てたという証言があった。県職員の調査について「検査や指導はほとんどなかった」とする証言もあった。

早川教授は「汚泥には水銀や鉛が含まれることがあり、水質汚濁の原因」とし「遮水壁で処分場を取り囲み有害物を除去する県案ではなく、処分場を掘り起こし有害物を除去する必要がある」と主張した。（小西数紀）

当時、県はドラム缶の埋立てを問題視して、電気探査などを行って有害物がまとまって見つかった場合には撤去する、と言っていた。ところが、汚染の原因がドラム缶ではなく、直接投入された汚泥だとしたら、この方法は無意味である。汚泥を電気探査で見つけるのは不可能だからだ。当然県は、そのことを承知していただろうから、汚泥に含まれていた可能性が高い有害物については、初めから現地に残すつもりだったことになる。

ところで、情報公開条例にもとづく情報公開請求は、請求時点で行政機関がもっている文書等が対象になる。したがって、この時入手できたのは、ほぼ一年半前に行政が知っていたことである。当然、その後も滋賀県は調査をしていたであろうし、そのなかには、今回のものよりも、さらに重要な証言が含まれていた可能性もある。そこで、筆者は、この情報が公開されるとすぐ、同じ内容の情報公開請求を改めて起こした。

ところが、これに対して滋賀県は前と全く同じ理由で非公開にする。仕方なく筆者としては、再び異議申し立てをせざるを得なかったのである。

情報公開と裁判

筆者の異議申し立てを受けて、再び情報公開審査会の審査が始まることになった。滋賀県の言い分は、前回と同じく関係者の責任追及に支障を及ぼすためと言うものである。

ところが、二〇〇九年の一〇月になって、突如滋賀県は態度を一変させる。一方的に情報を提供すると言ってきたのである。そして、どういうことなのか事情を聴きたいというこちらの声を全く無視して、一方的に証言を記載した文書を送りつけてきた。
そこに書かれていた事実の一部を紹介する。

Aさんの証言

ドラム缶を埋め立てた場所は、全て西市道側であり、それ以外はない。西市道側のフェンスのところから入ってすぐで、際のところ。上に登っていったり、すごく掘り込んだようなところではない。ドラム缶をおろし、重機で押すと、コトンコトンときれいに入っていく。横二列の二段積みでビッチリと埋めていった。全部で八百～千本くらいではないだろうか。

ロータリーキルン一運転で、ようやって一～二㎥。受け入れるとすぐピットがあふれる。そうすると持ってきた車を待たせ、一六～一七時くらいに深さ二m位の穴を掘り、ピットの汚泥をダンプに移し替えてその穴に捨てていた。捨てていた場所は、第二焼却炉の奥くらいだったが、別にそこに限らず、そこら中だった。

受け入れたドラム缶のうち、廃油などの液状の物は、中央部のプラスチックの上で、重機で穴を空けて中身をこぼし、その場で潰し、潰したドラム缶は屑として売っていた。洗濯屋から出てきた一斗缶も、同じように潰していた。

ＲＤの焼却灰は、数回外に出したことがあるが、ほとんど出していず、処分場に埋めていた。焼却灰は、入社当時はプラントの奥側に屋根のないところに積んでいた。最初は、焼却炉がいっぱいになると、積んでいたところの横に重機でチョコチョコっと穴を掘って埋めていた。その後は、ガラや残土に混ぜて処分場内に埋めたり、そのまま撒いたりしていた。第二焼却炉の灰も同じ。

Ｂさんの証言

平成五年度の大穴は、中央に存在した。入社時にも凄い大きな穴があったので、処分場とはこういうものかと思っていた。第二処分場は、埋立可能な部分がなくなりかけると、深堀して埋立て、深堀して埋立てを繰り返していた。その作業は、池の方から行った。深堀は特定箇所で行ったものではなく、全域である。

汚泥や焼却灰の埋立ては、処分場全域で行っており、場所の特定は不可能である。埋立方法もドラム缶に入れて埋めたのではなく、そのままぶちまけており、ドラム缶の場所を探すということにはいかない。

Ｃさんの証言

建設汚泥は、一日でピットが満杯になるほどだった。ピットに運搬車で夕方までに搬入される。

その汚泥を、処分場に掘った穴（幅五m×五m、深さ五m程度）に一七時頃から注ぎ込む。作業は二〇時頃まで。朝になると、下に水が浸みて嵩が減っている。それを処分場に埋め立てた。場所は場内いたる所。

平成八年頃、丸文駐車場奥に、パレットがおいてあるのを除けて、元地盤から三段堀、深さ一五m程度の穴を掘った。掘削時、中から黒いビニールに入った一般廃棄物も出てきた。そこにも廃プラスチックや木くず等の混載物、出てきた一般廃棄物なども一緒に埋めた。埋め立てたのは、阪神大震災の廃棄物があまりにも多く、それが原因ではなかったかと思う。

ここにあげたのは、証言のほんの一部であるが、これだけでも、証言が、今後処分場の調査や対策を行っていく際に貴重な情報であることは明らかである。

これらの証言は、はたして住民に対して非公開にしなければならない情報だったのだろうか。そして、滋賀県がいったん非公開にしておきながら、突然情報開示に踏み切った理由は何か。筆者は、これらのことについて、しっかりした説明を聞きたいと申し入れたのだが、担当する室長に面会することもかなわなかった。こんな失礼な話はない。

そこで、筆者は二回目の情報公開請求に対して非公開とした決定は、不当であり、それによって滋賀県情報公開条例が定める「知る権利」が侵害され精神的苦痛を受けたとして、国家賠償法にもとづいて賠償金（一〇万円）を支払うよう求める裁判を起こすことにした。一〇万円というのは最低の裁判費用

（印紙代）千円で請求できる賠償金の限度額である。

もちろん、これはお金の問題ではなかった。筆者としては、滋賀県のしたことがどう考えても正義に適うものではないと思ったし、このまま黙っていることが、行政による情報公開制度の自分勝手な運用を許すことにつながりかねないと判断したのである。つまり、このように一度公開決定が下ったのと同種の情報について、理由も不明確なままに再び非公開にしたり、勝手に開示したりするのを黙認するのは、地方自治体における情報公開制度の今後の運用の上で、悪例になると考えたのである。

大津地方裁判所への提訴は二〇〇九年一二月。これは筆者にとって生まれて初めての裁判だった。個人的な利益というよりも社会的な利益を考えての提訴であり、それで個人が金銭リスクを負うのもどうかと考えたので、弁護士をつけない本人訴訟で闘うことにした。これは、筆者にとって思いのほか楽しく、貴重な経験であった。

裁判の結果

この裁判は、予想以上に長引いた。その理由は、県側の一連の行為の理由が判然としなかったことによる。いったん非公開にしておいて、しばらくして公開するというのは確かにわかりづらい。裁判長は、何度もその疑問に答える準備書面を用意するように被告に指示したが、その結果として出された文書にも満足できなかったようで、ついには被告側に証人を出廷させるように促した。

こちらとしては、当然、判断の責任者である当時の対策室長か部長が出廷するのだろうと思っていたし、また原告としてそれを要求したのだが、実際に証人として出廷したのは、情報公開の窓口役だった末端職員二人であった。こういう場合、リーダーは自ら堂々と出てきて決断の理由を述べるものだと思っていたが、行政組織のリーダーにはそういう道徳観はないようである。

そして提訴から一年九か月経つ二〇一一年九月に、やっと判決が下った（平成二一年（ワ）第一二二八号損害賠償請求事件）。それを報じた新聞記事がこれである。

大学教授訴え棄却　県文書公開遅れ、損害請求（『中日新聞』二〇一一年九月二一日付）

栗東市のＲＤ産廃処分場問題をめぐり、元従業員の証言をまとめた文書の情報公開を八か月間妨げたとして、滋賀大教育学部（大津市）の早川洋行教授（五〇）が、県に十万円の損害賠償を求めた訴訟で、大津地裁は二十日、教授の訴えを棄却した。

長谷部幸弥裁判長は判決理由で「文書の開示の検討を、適正な時期に開始していた。その後も、被告の担当職員が異議申し立てについて審査会に諮問していたため、文書の公開が必要ないと考えていたのは不当とはいえない」と指摘した。

判決を受けて早川教授は「提訴後、情報も積極的に公開されるようになったので、提訴に意味があった。満足している」と話した。

早川教授は、栗東市のＲＤ最終処分場問題を議論する県の対策委員だった。二〇〇九年二月、処分場の元従業員から県が聴き取った内容をまとめた文書を県に情報公開請求した。県は三月、一部を非公開と決定。早川教授の異議申し立てを受け、情報公開審査会に諮問したものの、一〇月に一転して公開に応じていた。

この裁判は、敗訴したとはいえ三つの意味で有意義であった。第一は、新聞記事にもあるように滋賀県に一定のインパクトを与え、担当者の交代を促す力になったと考えられること、これはＲＤ問題の解決という点からすれば勝利に等しい成果であった。第二に、よく聞いていた話だが、少なくとも下級裁判所は行政には弱い、ということを再確認できたからであり、第三に裁判所も行政組織も同じ官僚機構であり、生活者感覚を有していないことがわかったからである。

以下では、第二、第三の点について説明することにしよう。

提訴したおかげで、裁判の過程で滋賀県の動きがいくらか明らかになった。そこから見えてきた行政の仕事ぶりは、筆者には驚くべきものだった。

先方の主張によれば、県が元従業員の証言を公開した理由は、ＲＤ社の佐野社長を被告とした、処分場に対する改善命令違反事件の裁判資料のなかに、県が入手していた証言と同様の記述が確認され、もはや隠す必要がないと判断したからである。ところが、この裁判は、そもそも滋賀県が告訴したことが発端であり、筆者の情報公開請求があった二月の前年の一二月に終結していた。滋賀県は、この裁判をよく知っていたし、その資料を筆者の情報請求の前に見ようと思えば見ることができたわけである。

これに対して判決は、まず当初の県の非公開判断について、「調査及び判断等の過程が不合理なものであったという理由は見出せない」としたうえで、「地方公共団体の職員に対して、あらゆる法に精通するよう求めることは事実上不可能というべきであり、特に刑事確定訴訟記録法という技術的な法律の内容を知らなかったとしても、直ちに職務懈怠があったとはいえないことは明白である」として、寛容な態度を示している。

滋賀県はその後、五月に弁護士から指摘されて裁判資料が入手できることを知り、あわてて入手して検討を始めた。この点について判決文では、「遅くとも七月上旬ころには、被告において本件記載部分の公開の検討を開始することが可能な状態となったと考えられる」としている。ところが、県はこの検討をしなかった。このことについて判決は、それでも「九月中旬ころには検討を開始しており、長期間にわたって開示に向けた職務の遅延が続いたということはできない」としている。そして結局、実際に開示されたのは一〇月二六日だったわけである。

つまり、認定した事実に基づく裁判所の判断は、こういうことである。

被告である滋賀県が、請求の二か月前に、それを入手していたら公開することになっていただろう資料を取得しなかったのはやむを得ない。また、その資料を取得して二か月後には公開を検討できたはずであるが、それが四か月後になったのはやむを得ない。そして、検討開始してから一か月半後に公開したのだから問題がない、というのである。

この時間感覚には、正直なところ笑ってしまうばかりである。

一つひとつの判断が、数日でも数週間でもなくて、数か月の単位でなされているにもかかわらず、裁判所はこれを「職務の遅延が続いた」のではないと言うのである。とくに裁判資料を入手して四か月もの間、公開する検討をしなかったことについて、それは「長期間」ではない、というのは、かなりのんびりした世界である。

この判決を読んで、ある県職員が、県庁では「速やかに」の意味は「二か月ぐらいで」という意味だ、と言っていたのを思い出した。この判決はこうした役所の時間感覚を裁判所も共有していることを、はっきり示したことになる。

裁判を経験してわかったことだが、裁判においては、月の単位で口頭弁論が行われる。つまり、次回の審理が二か月後三か月後になるのは珍しいことではない。それに慣れてしまえば、そういう感覚になるのかもしれない。しかし、これは世間一般では特異なことである。困ったことに、行政にも裁判所にも、自分たちの生活世界が実社会の生活者感覚と違うのだ、という自覚がまるでない。

もうひとつ興味深かったことがある。滋賀県側がこの案件が審査会にかかっていたので開示する必要がないと思っていた、と述べたことについての見解である。

判決文は「本件条例上は、職権による行政処分の撤回について具体的規定は設けられておらず、原告が指摘するような作為義務の発生する具体的時期について、本件条例や他の法規から直ちに導き出されるものでもない」としている。つまり、条例に規定がないから、非公開理由が消滅後に非公開を続けても、その責任を問うことはできない、というのである。隠す理由がなくなったら公開するのが当然だと思うのだが、このような世間常識は、行政と司法の役所には通用しないことが、今回の判決でよく理解できた。

何より基本的な問題は、次のことである。

これは、初めからたぶん裁判所は判断しないだろうとはあきらめていたことだが、判決ではやはり、そもそも元従業員の責任追及のために情報を非公開とすることと情報を公開して住民合意を形成し、間違いのない対策工案を作り上げることの、どちらに価値があるのかについての言及は全くなかった。

しかし、これは極めて重要なことではないだろうか。民主主義という価値、住民の安全な生活という価値、そして情報公開制度の趣旨から判断すれば、従業員への責任追及が勝るという判断が下されるのは疑問である。しかし、こういうトータルな価値判断は、今の司法には期待できない、と考えた方が良いようである。

裁判の機能

この点では、先の新聞記事は、後半部分でそのことを強くにじませている点で、よい記事だと思う。言論は、現代社会において、たしかに司法よりも人間と社会に近い。

ところで、この新聞記事に関して、筆者の発言部分「提訴後、情報も積極的に公開されるようになった」の「も」という表記に気づいただろうか。筆者は取材に対して次のようにコメントしたと記憶している。「提訴後（担当部署の職員は総入れ替えになり）、情報も積極的に公開されるようになったので、提訴に意味があった。満足している」。

記者は記事にする際に、取材したコメントを省略したのだろうか、それとも、紙面の都合あるいは、提訴が人事異動の要因になったことは県が認めるわけもないし、読者に不要な憶測を与えるかもしれないとしてデスクが削除したのだろうか。中日新聞では、通常ある記者署名がないところから判断して、デスクが介入した可能性は高い。いずれにしろ、「は」にせず、あえて「も」のままに残したのだとしたら、かなりの高等技術である。なぜなら、この「も」は、裁判を起こすことが、たんに勝訴を勝ち取ることや問題提起をすること以上の意味があることを伝えているからである。

本件の場合、賠償請求額はたったの一〇万円である。筆者は本人訴訟で闘ったので、実際にもかかった裁判費用は印紙代のほかには交通費程度であった。一方、滋賀県は弁護士を雇って対応したし、裁判は一年半以上に及んだ。あるとき県側の担当職員に「さっさと一〇万円支払った方が安上がりになるのでは」と冗談めかして言うと「そうですねぇ」という返答だった。しかし、実際には行政にそういう選択肢はない。行政は、住民から訴えられた時点で、多かれ少なかれ過去に仕事の不手際があったことは明らかであり、今後の裁判費用や職務負担の増加を覚悟しなければならない。その意味で、すでに半分負けていると言うこともできる。そして、これは原告にとっても被告にとっても大変不幸なことである。なぜなら、裁判に関わる費用は結局のところ税金で賄われるからである。だからこそ、提訴に至る前の段階で、行政は積極的な手立てを講じるべきである。それをしたうえでも、提訴するというのならやむをえまいが、今回の事件では、筆者はわかりやすい説明を聞きたかったに過ぎない。何故滋賀県は対話を拒否し続けたのだろうか。

情報を公開しなかった本当の理由？

滋賀県は、元従業員等から得た情報を公開しない理由として、「従業員に対する責任追及が困難になることが予想される」からだと説明した。そして、裁判所はそれを追認している。しかし、本当にそれが理由だったのだろうか。筆者は、このことを今でも疑問に思っている。

なぜなら、元従業員が行った不法投棄は、刑事事件としてはとうに時効になっているし、民事賠償裁判を起こすにしても、そもそもの当該会社でも社長でもない、一般の従業員に何億円もの対策費用を請求することが現実的なことだとは到底思えないからである。

もう一つの理由は、当時の状況である。第一章で述べた通り、滋賀県は住民側の反対運動にもかかわらず、ドラム缶など若干の有害物を取り除いただけで、処分場を遮水壁で取り囲み、地下水をくみ上げ処理することで現位置浄化するという対策案を実行しようとしていた。その同意を取り付けるうえで、先にあげた元従業員の証言は都合の良いものであったとは、けっして言えない。むしろそれを困難にする可能性の方が高かった。

これらの証言のなかには、違法行為が処分場全域でなされていたというものが複数あるし、ドラム缶は潰して中身を土中に浸みこませたという証言もある。また元従業員自身が、「ドラム缶の場所を探すということにはいかない」と明言してもいる。処分場の土壌・浸透水・地下水の汚染は、かなり悪質な行為によって引き起こされたことは明白であり安直な対策工事で解決できるものではなかった。

こうした元従業員の証言を公表した場合、県の取ろうとした対策工法に対する批判はますます勢いづいたに違いない。このことを考えると、滋賀県は、それを危惧して情報を意図的に隠したのではないか、という疑いは拭いきれない。

そして、これは全くの推測にすぎないが、こうした行政側の本音は、部長や対策室長のような決定権のある幹部だけのものであり、末端の職員には伝えられていなかったのではなかろうか。そう考えると、裁判の証人として幹部職員が出廷しなかったことも理解できる。被告としては、県の対策工法案への批判が高まるのを恐れた、という情報非公開の「真の理由」を追及されたら困る、と考えたのかもしれない。

二〇〇九年九月の県議会において、議員から、なぜ元従業員から得た情報を公開しないのかと質問が出た。この質問に対して当時のX部長は次のように答えている。議会議事録から引用しよう。

県では、事業者等に対する責任の追及や、処分場の不適正処分の状況を明らかにしていくために、平成一八年一二月以降、アール・ディエンジニアリング社の元役員や元従業員、述べ百三七名に対しまして、文書による照会調査を実施するとともに、埋立処分や焼却処分に直接関与したと思われる従業員等に対しましては、直接聞き取りを行い、詳細な状況把握に努めてまいりました。

また平成二〇年九月に廃棄物処理法違反でアール・ディエンジニアリング社元代表取締役を刑事

告発いたしましたが、この刑事確定訴訟記録における関係者の供述についても調査を行ったところでございます。

これらの調査から、ドラム缶や汚泥、焼却灰等の許可品目外の違法な埋め立てが回数を重ねて行われたことや、こういった違法行為が夜間に行われるなど悪質な方法で行われていたという情報を得ております。

これらの調査結果の詳細につきましては、もととなる資料が膨大な量であり、資料に記載されている個人情報を非開示とするための作業などが必要でございますが、できるだけ速やかに情報開示ができるよう努めてまいる所存でございます。


ここには、情報公開請求への返答でも、その後の裁判においても、県が主張した理由が欠落している。滋賀県は、関係者への責任追及が困難になることから、それをいったん非公開にしたのではなかったのか。また、「もととなる資料が膨大な量」だと言うのもおかしい。裁判の過程で、証拠として裁判所に提出されたこの関係書類は、片手でも持てるほどだった。これを「膨大」と言うのは、あまりに大げさ過ぎる。

最後に、当初滋賀県が情報を非公開とした理由である関係者の責任追及は、その後現時点まで、全くなされていないことを付け加えておくことにしよう。

第三章　諮問機関

この章では、地方行政機関に設置される諮問機関について、これまで主として行政学の分野で言われてきたことを整理した後に、ＲＤ問題に関して設置されたＲＤ問題最終処分場対策委員会について述べる。この章は、すでに発表している論文「地方自治体における諮問機関―滋賀県ＲＤ最終処分場対策委員会を事例にして」（滋賀大学環境総合研究センター研究年報第六巻第一号）を元にしている（基本的な論旨の変更は一切ない）。だから、前の二つの章よりも、少しアカデミックな体裁、文体になっていることをあらかじめお断りしておく。

じつはこの章の元になった論文は、（おそらく前章の案件も関係して）それ自体であらたな事件の火種になった。しかし、そのことについては、またあらためて、次の第四章で述べることにしたい。

諮問機関を問題にすることの意味

本章は、自ら委員の一人として参画した諮問委員会について論じるという、いささかユニークなアプローチをとっている。もっとも、社会学において参与観察は、ポピュラーな手法の一つであって、それが諮問機関においてなされるということが、珍しいことであるにすぎない。筆者が、ここで意図したことは、次の三つである。

まず何よりも現代日本社会において、行政が作る住民参画組織の存在意義が問われていることがある。とくに最近、環境問題にかかわって市民参画型の諮問機関の果たす役割が注目されている。[1] 論述を通して、現代日本社会において行政の専門家ではない学識経験者や一般住民が、政策決定過程に関わる際の問題点を明確化したいというのが第一である。[2]

第二に、学識経験者にも反省性が必要だと判断したことがある。社会学は、自らの社会に対する反省性を有する学問であろう。そうであるならば、そこに例外を認めるべきではない。自分とは直接かかわりのない社会を対象化することは、それはそれで意味のあることだと思うが、自分の行為の妥当性が問われかねない領域においても、それを敢行する勇気があってもいいと思う。

そして第三に、審議会等に参画することは社会学の実践の一つであり、そうした社会学的実践を記録すべきだと判断したことがある。A・トゥレーヌの「社会学的介入」やP・ブルデューの「実践」を持ち出すまでもなく、社会学者が現実の社会問題に対して行動をもって貢献を果たす価値は疑いえない。ただし、社会学的実践は、政治的行動だけに終わるべきではなく、社会学として知的に総括され言語化されることで、学問世界に還元されるべきではなかろうか。

論述は、次の流れで行う。まず従来指摘されてきた諮問機関の問題点を整理する。その上で、当該事例を検証し、地方自治体における諮問機関の現状と課題を明らかにする。そして、最終的に今後「ありうる」住民参画組織について、自らの意見をまとめることにしよう[3]。

指摘されてきた問題点

諮問機関とは、地方自治体において条例や要綱等によって設置される組織であって、一般的には「審議会」とよばれているものである（以下、「諮問機関」と「審議会」は同じ意味で用いる）。それは戦後の行政民主化の一環として「行政庁が独善に走るのをおさえ、民意を十分に尊重するという目的から設置」（田村：五三）されたもの、と言われているが、現代日本社会では国、地方自治体を問わず様々な目的で設置されている。こうした諮問機関の問題は一九七〇年代、一九八〇年代には盛んに議論された。しかし、ここ二〇年ほどは、相対的に言って注目度はそれほど高くはない。かつて指摘されていた問題は、現代では、もはや克服されたのだろうか。現段階を評価する前に、まず、これまで指摘されてきた諮問機関の問題を確認整理することから始めることにしよう。

①公開性の問題

諮問機関の審議を公開し透明性を確保しようという動きは、初めは国政レベルで起きたものである。政府は「審議会等及び懇談会等行政運営上の会合の運営等に関する指針」（一九九四年）「審議会等の透明化、見直し等について」（一九九五年）「行政改革プログラム」（一九九六年）において、この改革を推し進めた（辻中：六二、西川：六四）。

こうした動きは地方自治体にも強く影響した。その結果、今や「審議の公開は望むところだが、現在のわが国の政治、社会的状況をみてみると、意見が対立する審議事項によっては、会場の混乱等が予想され、審議の公正が問題となることもあるので、とりあえず、議事録の公開あるいは閲覧を保障する必要があるのではないか」（久礼：八三）といった消極的賛成意見は影をひそめ、「民主化の徹底のためには、原則とし条例によって会議を義務づける必要があることは言うまでもない」（新川一九九七：七五）「次のステップは、インターネット等を通じて、会議開催の案内や会議内容の事前告知が重要と考えられる」（新川二〇〇〇：二二）といった認識が広まりつつある。

②議員と行政職員の参加の問題

地方政治は、二元代表制のもとで首長＝行政を議会＝立法が監視し牽制することが期待されている。この観点からすれば、行政府の組織である諮問機関に立法府の議員が参加するのはおかしいことになる。また諮問機関に行政職員がいるというのは、諮問をする側に立つ行政職員が答える側にもいるということになり、行政庁が独善に走るのを抑えるという諮問機関の期待されている役割からしてもけっして望ましいことではない。しかし現実には、議員も職員も諮問機関の委員になることが珍しくない。この問題は多くの論者が指摘してきているところである（田村：五七、五八、久礼：八一、松岡：四〇、加藤：四七、五一、田中：一三二）。

なぜ、議員は諮問機関の委員になるのだろうか。その理由は、行政側と議員側双方の利害が一致しているからである。行政側からすれば、議員が加わることで議会側の同意調達が容易になる。議員にとっては、情報・役職・報酬を得られる利点がある。こうした現実的利害が制度の理想よりも優先されるのである。また行政職員を委員にするのは、行政当局の意見を代弁させることができたり、審議運営を統制することが容易になるからだと考えられる。

つまるところ諮問機関に議員や行政職員を参加させることの是非は、既存の権力機構との間にどれだけの独立性をもたせるべきかという問題だと言える。もっとも、議員と行政職員が諮問機関に加わることを否定する意見ばかりではない。なかには、それを積極的に肯定する意見、「官民一体」の必要性を指摘する声もあるにはある（荻田：三〇、三一、寄本：六八）、ただし、それも検討課題によって例外はありうる、という立場だと考えるべきだろう。

③委員の選任の問題

諮問機関の特色の第一は「その構成員の任命について、任命権者が広い裁量権を有していること」（山内：二二）だといわれる。行政当局は、とくに学識経験者の委員の選任に際して、期待される答申の作成に向けて自らの立場に近い人物を選ぶ傾向がある。その結果、「御用委員」（荻田：三七）やいくつかの審議会をかけもちする「審議会族」（手島：一五、久礼：八二）が生まれる。またそうでなくても、行政当局は本人の適性や能力よりも肩書きを重視しがちであるから、会議にあまり出られない忙しい人が委員になってしまい、議事の流れを理解せず散発的な意見を出すだけの「並び大名的存在」（田村：五七）

が選任される場合がある。

こうした学識経験者の態度を厳しく批判したのは早川和男である。彼は、「権力に迎合する学者」には四つのタイプがあるという。第一は、行政の提案を支持し権威づける「行政権力出張型」、中央官庁から大学教授になってその官庁の一連の行政の審議会委員になり、すべてお墨つきを与えていく人々。第二は、学者を装いながら実態は行政の代弁者である「権力迎合型」、審議会の委員として事前に行政側と十分に打ち合わせを行い、その意図をくみ取って、いわば芝居の舞台まわしのような役割を演じる提灯持ち。第三は、審議会委員を名誉と考え、行政からの資料収集に強い関心を持つ「行政追随型」、審議会委員になることを名誉と考え、尻尾を振って出ていく御用学者。第四は、会議で終始沈黙し、結果的に行政の言いなりになる「沈黙型」、会議の進行に満足しているわけではないが、学者としての社会的責任感が弱く、何か発言し事態を変えないといけないと思うまでに至らない、結果としての御用学者である。

彼は、これらの権力に迎合する学者とは違って「専門家としての見識と能力をもち、審議会に出ることの意味と学者としての社会的責任を十分自覚しているタイプ」を見識型としているが、こうした「骨のある学者」は諮問機関の委員になることは少ない、と述べている（早川和男：五七―六一）。

よく諮問機関は、行政の「隠れ蓑」だと批判されるが、じつは、それを可能にしているのは、ここで言う良識型以外の学識経験者たちの存在である。

④非能率という批判

諮問機関の存在が行政の非能率化を招くという批判は、国政レベルでは、一九六四年の臨時行政調査会答申にまで遡ることができる。「審議の渋滞によって迅速を要する事案の処理が不当に遅延したり、さほど大きな意味のない事項について形式を整えるだけのためにわざわざ審議会を開催して時間と経費を浪費したり、スタッフ職員の出席や審議会用の資料作成のためにルーティン・ワークの処理がストップしたりして、行政能率の低下をきたしている事実は否定することはできない」（成田：四六―四七）というのは、その代表的意見だろう。

このように「政治的決定の延引を可能にする」（山内：二七）という点を諮問機関の「機能」と見るのが一般的であるが、そればかりでなく、実際に意図的になされたこともあったらしい。かなり昔、ウィーアは、このことを審議会の「活用法」として指摘し、またパークはそうした「遅延作戦」の日本における実際例を指摘している（Wheare：九三、パーク：下八六）。

ただし、委員がまじめに討論することによっても、審議が長引く場合がある。日本の諮問機関は、諸外国の同様な組織と比較して、コーポラティズム（協調主義）の傾向が強いと言われる（辻中：六〇）。すなわち、立場の異なる多様な主体が議論に参加する。当然、委員の間で納得と合意を得ようとすれば相当の困難がある。それに加えて、会議は日にちの間隔をあけて開催され、また先に述べたように、毎回出席している人ばかりではないから、散発的な意見が出たりして、議論が往きつ戻りつすることが多い、というのは、たしかに事実である。（田村：五九）。

この点に関連してさらに述べれば、こうしたことは、諮問機関を当該問題に熟知した専門家だけで構成しようという誘惑にもなる。しかし、専門家だけで議論すれば意見対立がなくなるというわけではないだろう。むしろ、専門的意見の対立を処理するために「一般有識者の発揮するアマチュアリズム」こそ大事にすべきだ、という意見もある（田中：二四）。

佐藤は、「審議会という制度そのものが非能率であるという指摘であれば、必ずしも正当ではない。審議会を設けて行政部の専断を防ぐということは、それ自体、ほんらい行政の『能率』を犠牲にする考え方であるというべきであり、また合議体の意思決定が独任制の場合よりも『非能率的』であることも当然である」と述べる（佐藤：七）。これを開き直りと言えなくもないが、能率性を声高に主張することに対しては、たしかにこうした反論もありえるだろう。

⑤情報の制約という問題

先に述べたように、諮問機関の委員は行政府の外部から審議に加わる。委員は、検討課題について十分な事前知識を有していないことも多い。そうであるならば、行政当局の「諮問機関にインプットする情報の作成加工」（林：五三）が重要な意味を持つ。また「行政側において、審議に必要な情報・資料を十分に提供しない限り、委員にどれほど達識有為の人物が揃っていても、議を尽くすことは不可能である」というのは事実だろう（田中：二七）。そして、このことは当局側の操作を可能にする。つまり、「諮問機関がその答申をまとめるにはしかるべき資料が必要であるが、所要資料のほとんどは、事務局が収集し、提出する。そのため、行政当局は、提出する資料の内容を操作して、諮問機関の答申を左右することができないわけではない」とも言われる（山内：二九―三〇）。

こうした情報操作は、諮問機関に与えられる情報の内容にかかわってなされるとは限らない。情報を提供するタイミングにかかわっても行われる。田村は次のように述べている。「たとえば、あらかじめ問題があることがわかっていながらも放置しておき、認可等の申請の期限ぎりぎりの時点で、審議会を招集するがごとき場合である。この場合においては、審議会としては、十分に審議する時間がないため、当局側の原案について、説明を求め、それを諒承するという形をとらざるをえなくなる。このような場合、行政当局側の責任、いいかえれば、審議会を利用するだけという方法は大いに問題とされるべきであろう」（田村：六一）。

⑥答申の拘束力の問題

庄司は、「答申が長はじめ執行機関によって握りつぶされたり、なかなか実施されないこと」をしばしば経験した、という（庄司：五五）。また田中も、「審議会の答申や意見に法的拘束力が認められていないところに審議会の機能的限界があり、それがひいては審議会の行動意欲と責任感に影響するのではあるまいか」と指摘している（田中：二二五）。

新川は、審議会の機能の仕方を審議会の権威づけ機能を前提として整理して、実質的影響力行使型と形式的影響力行使型、自立的自己決定型と従属的決定型、住民参加調整型と専門知識集約型、政策形成型と実施評価型の性格区分を提起している（新川九七：七四）。この区分を使うならば、第一の影響力が実質的か形式的かという問題は、従属的決定型ではなく自立的自己決定型であるほど、専門知識集約型ではなく住民参加調整型であるほど、そして実施評価型ではなく政策形成型であるほど大きなものになるだろう[4]。

⑦委員の能動性の問題

これまで述べてきたように、諮問機関には問題点は多い。しかし改革が少しずつとはいえ進んでいることも事実である。

新川は、「正当化、権威づけ、隠れ蓑といった役割を果たすとする伝統的な審議会観を維持することは、現実を見る限り困難になってきている」として、政策志向と参加志向を実現できる審議会の再構築の重要性を指摘する（新川一九九七：二一七、二〇〇〇：二三）。また田中は、「（審議会は）単に諮問をまって答申するがごとき受動的態度に止まらず、自発的・能動的に所要の進言や検索を行い、政策形成に対する審議会の役割を十二分に果たすべき」であるが、その際の問題として行政側がそれを歓迎しないことと審議会側がそれを察知して消極的態度をとることを指摘している（田中：二一六）。

つまり、諮問機関の改革に当たって重要なのは、何といっても選ばれた委員の意欲であり、委員の積極的な働きが、行政の民主化という本制度の趣旨が活かされるか否かのカギを握るといってよいだろう。

以上、これまで諮問機関に対してなされてきた評価を見てきた。これは一定の視点に基づく演繹的な整理ではなく、渉猟した議論を帰納的にまとめたものである。すなわち、「公開性の問題」「議員と行政職員の参加問題」「委員の選任問題」「非能率という批判」「情報の制約という問題」「答申の拘束力の問題」「委員の能動性の問題」の七つが、これまで諮問機関に関心をもつ研究者たちによって議題設定されてきた。この確認を踏まえて、具体的な事例分析に移ることにする。

滋賀県ＲＤ最終処分場問題対策委員会の事例分析

あらためて、この諮問機関が設置された経緯を振り返っておこう。

発端になった問題は、滋賀県栗東市にある民間の安定型産業廃棄物処分場をめぐる事件である。(5) 一九九九年、この処分場に新型焼却炉（ガス化溶融炉）が建設されたのをきっかけにして、地元住民を中心にして稼働反対運動が起きる。その運動の渦中で、処分場内に埋め立てられた廃棄物から硫化水素が発生していることが判明する。処分場問題は、やがて新型焼却炉稼働問題から違法投棄問題に発展する。

その後住民運動が功を奏し新型焼却炉は解体撤去されたものの、滋賀県と栗東市の調査によって、処分場の土壌汚染と処分場を原因とする地下水汚染、浸透水汚染が明らかになり、滋賀県は業者に対して二〇〇五年に四項目の改善命令を出す。ところが、業者は、その改善命令工事の費用負担に耐えられなくなったとして二〇〇六年六月に破産。その後の調査で、処分場にある旧焼却炉から高濃度ダイオキシンが検出され、廃棄物総量も七二万立方メートル（許可容量の一・八倍、当初の許可量の三倍）があることが判明した。

二〇〇六年八月、業者が破産するのと前後して就任した嘉田由紀子知事は、この間の行政対応を検証するため行政対応検証委員会を設置するとともに、今後の処分場の安全対策を検討するために「対策委員会」を設置し、二〇〇七年度中に答申を出すように諮問した。この「対策委員会」の設置は、設置要綱に基づいたものであり、またその要綱で会議は公開と定められた。

この委員会は、実際には二〇〇七年一二月から二〇〇八年三月の期間に設置された。筆者は、この「対策委員会」に学識経験者の一人として参画した。以下では、この一六カ月間の在任期間に起きたことについて論じる。尚、会議の議事録と資料は滋賀県のホームページ（http://www.pref.shiga.JP/d/saisyu/index.html）等でも公開されている。詳しい情報については、それを参照されたい。

委員会の構成と活動状況

設置要綱は、委員会の構成について学識経験者一三名、栗東市長が推薦する住民六名、栗東市長が推薦する市職員一名の計二〇名以内で組織されると規定している。この構成は、滋賀県と栗東市の話し合いで決定したものである。ただし、学識経験者として入った委員は、行政側が一方的に選任した。専門家だけの組織ではなく、住民も入れた組織を作ったということは、専門的知識を得ることと同時に、問題解決に向けて利害調整にもとづく合意形成を目指したものと考えてよいだろう。

実は、この委員会を設置するに当たって、筆者には嘉田知事から個人的に事前の相談があった。筆者は、以前から同じ社会学者として嘉田さんと交流があったし、選挙にあたっては彼女を周辺自治会の住民に紹介したこともある。当時筆者は、地元自治会からの推薦を受けて入った栗東市の「㈱RDエンジニアリング産業廃棄物最終処分場環境調査委員会」の委員長をしていたので、「栗東市長が推薦する住民」の枠としても「学識経験者」の枠としても、入る可能性があった。どちらがいいかという相談だった。

筆者は、公平な立場の方がやりやすいので「学識経験者」の枠で入れてほしいと答えた。もうひとつの相談は、それ以外の学識経験者の人選についてで、筆者からは何人かのお名前をあげさせていただいたが、そのなかには委員になった人もならなかった人もいる。結果的に言えば、そのときお名前が挙がった人のうち二人の方（D・H）が学識経験者枠で委員に就任した。

住民六名の内訳は、この問題にかかわってきた、小野、上砥山、北尾、栗東ニューハイツの各自治会と合同対策委員会の五団体からの各一名に加えて、議会から一名という計算である（実際には小野自治会は委員選出を辞退した[6]）。すでに述べたように、市議会議員と市職員が県の諮問機関の委員に入ることは好ましいことではない。今回の場合、この選任は、栗東市行政側の強い意向であった。

学識者一三名について「対策委員会」委員就任以前の滋賀県の諮問機関委員経歴を調べたところ、他の諮問機関委員を経験していた人が二名いた。一人は、「個人情報保護審査会」委員を一期と「人権施策推進審議会」委員を二期の、延べ六年間滋賀県の諮問機関委員を務めていた。この委員は、後に委員長になった人物（A）である。またもうひとり（T）は、「滋賀の環境自治を推進する会」委員を一期

表3－1　委員の出席・発言

氏名	専門分野	職業／地位	役職	専門部会	1	2	3	4	5	6	7	8	9	10	11	12	13	14	15	出席数	発言数	発言数平均	推奨した工法	協議会
A	行政法	大学教授	委員長			12	37	39	51	30	12	33	37	49	16	63	78	159	51	14	667	47.6	D	22
B	住民代表	(栗東市推薦)	副委員長		3	2	6	2	5	1				0	1	3		3	0	11	26	2.4	A-2	
C	環境工学	大学教授	副委員長	○	1		3		8	0	0	1	2		5				5	9	25	2.8	D	1
D	環境計画	研究所副所長			5	4	13	7	6	7	12	4		14	2			41		11	115	10.5	A-2	
E	栗東市	栗東市部長			1	0	1	2	2	5	1	0	1	5	1	1	1	1	1	15	23	1.5	D	5
F	土壌･地下水	大学准教授		○	1	0				0				0		0				5	1	0.2	D	
G	廃棄物処理	大学教授		○	1		0	3	2	0	1	4	2	2	2		6	4	2	13	29	2.2	A-2	
H	環境保全	弁護士						32	49	61		21	20	26	5	27	44			9	285	31.7	A-2	
I	地盤工学	大学准教授		○		1	0		0	0	0	0	7	1	3			6	3	11	21	1.9	D	2
J	環境経済	大学教授			1		1		5	2		1	4				14		7	8	35	4.4	D	3
K	環境衛生工学	大学教授		○	1	0			5				3							4	9	2.3	なし	
L	産業経済	経済団体会長			2	0	0			0	0	0	2	1		2		0		10	7	0.7	D	0
M	住民代表				1	1	2	1	0	0	3	0	2	1	1	0	1	0	0	15	13	0.9	A-2	
N	住民代表	栗東市･議員								2	0	2	3		2	3	8	11	0	9	31	3.4	A-2	
O	住民代表				6	6	31	17	17	10	15	13	13	22	1	18	13	47	44	15	273	18.2	E	
筆者	社会学	大学教授			13	5	29	18	32	15		13	13	12	6	32	40	92	18	14	338	24.1	A-2	
Q	住民代表				2		0	1	0	0							1	0	0	8	4	0.5	A-2	16
R	地質学	大学名誉教授		○	1	2	4	5	2	12	1	0	4	13	3	7	8			13	62	4.8	なし	
S	住民代表	栗東市･議員			5	1	2	6	3											5	17	3.4	なし	
T	法律実務	大学教授			1															1	1	1	なし	
合計					45	34	129	133	187	145	45	92	113	146	48	156	214	364	131	200	1982	9.91		

出典：滋賀県 HP 掲載の議事録より作成。

三年務めている。この委員は、事務局が当初委員長として準備していた人物であったことが後に判明する。

表3－1は、委員の出席状況と発言回数をまとめたものである。総じて住民代表委員の出席率は良好であるが、学識者委員は、個人による差が大きいことがわかる。[7] 各委員の発言回数を調べると一回の出席について平均して一〇回程度になるが、委員長として議長を勤めるAを除いて計算すると、七・一回である。ただし、この回数を越えているのは、一九名中四名しかいない。一方、平均発言回数が一に満たない、すなわち出席しても一度も発言しないことのほうが多い委員が四人いる。

「対策委員会」は計一五回開催されたが、大まかに言うと第一回が委員会体制の説明、第二回から第四回までがこれまでの経緯説明、第五回以降が追加調査の検討と対策工法の選定をテーマにした議論が行われた。本委員会とは別に、委員長指名の委員による専門部会が計七回開催されたが、専門部会の見解が本委員会で否定されることが多く、審議に影響力があったとは言い難い。また先に述べたように、滋賀県はこれまでの行政対応を検証するために行政対応検証委員会を設置し、当委員会は二〇〇八年二月に県の責任を認める答申を出したが、両委員会の審議は独立並行して行われた。この点については、「対策委員会」答申において「(検証委員会)の審議を先行させ、それを踏まえて「対策委員会」が議論し、答申するという手順が理想的であった」(答申：七四)と述べられている。

三つの事件

ここでは議論の中身にかかわる問題に焦点を絞る。審議全体を眺めてみると、答申をコントロールしようとする行政当局と、そこから独立して答申をまとめあげようとする一部委員との対抗図式が見て取れる。その中でとくに目立った三つの事件について考える。

一つ目の事件は、委員長選任問題である。設置要綱では「委員長は委員の互選によって定める」となっている。しかし、現実には事務局側がめぼしい人物に事前に依頼しておき、形だけの互選で就任するというやり方が一般的だろう。委員長は諮問機関の運営を差配し、また代表する重職である。諮問機関が行政からの一定の独立性をもち、首長へ行政職員とは違った立場から提言することを任務としていることを考えると、実質上、委員長が行政によって選任されるということはけっして好ましいことではない。

今回、第一回の委員会において、筆者は委員長に立候補した。その発言を、議事録は次のように記録している。

事務局がおっしゃるとおり、私の立候補に関しては、事務局は全く知らないことでした。多分、こういう会議というのは、事務局の方が根回しをして、大体こういう方に委員長をという話で進むんだろうと思います。ですけれども、私としてはこの仕事をやりたかった。だから、さきほど立候補したわけです。もし積極的にやりたいということでしたら、お互いの意見を闘わせて、その上でそれ以外の方に判断していただくのがベストだと思います。もしそれができるのであったら、私は喜んで発言させていただきます。ただ、事務局から頼まれたので、じゃあ私は受けますというような程度だったら、やはりその人に対して失礼ではないか、そこまでお願いするのはどうかなというふうには思います。

どなたに事務局の方から依頼があったのか、私は全く知りません。もしその依頼があった方がここで発言されて、この対策委員会をどういうふうに運営されるのか、ご信念を披露していただけるのでしたら、私としては願ってもないことだと思っています。その上で、私の考えを申し上げて、それ以外の委員の方に判断してもらうのがいいのではないでしょうか（議事録一：九）。

残念ながら、この願いは聞き入られなかった。理由は「各委員の方々がどのような方であるかよくわからない」からというものであった（議事録一：九）。結局、委員長選任は次回に先送りされ、行政側が想定していた委員長の名前もついに明らかにされなかった。

第二回の委員会では、各自が作成した自己紹介書が各委員に配布されたうえで、「じゃんけん」（！）によって六人の選考委員が選ばれ、その推薦によってA委員が委員長に決まった。A委員は選考委員の一人であり第一回の委員会は欠席であった。ただし、候補者になった時点で選考委員からは外れている。

二つ目の事件は、第七回委員会として予定されていた十月三日の委員会が、出席者が定数に足りず協議会になったことである。

第一回の委員会において、事務局は次のように説明していた。「第一回、第二回で、最終処分場問題の経過と現状把握をさせていただく。きょう説明させていただいた分につきましては、専門部会等で、先ほどのご意見も踏まえながらきちっと整理した上で、改めて第二回でご報告させていただく。第三回第四回につきましては、そういった中で課題の整理と評価をしていただきたいと思っております。第五回、第六回では、生活環境保全上の支障の除去対策についてということで、具体的な対策等についてのご議論をお願いしたいと思っておりますし、第七回、第八回ぐらいで対応策についてのご議論をお願いしたいということでございます」（議事録一：二四）。つまり、当初予定された会議は八回であった。

第六回委員会において、D、Hそして筆者の三人の委員は、連名で独自の対策工案を提起していた。これは対策案の答申に向けて、この時期がタイムリミットだと判断したためである。次の委員会では、その案も含めて処分場対策案の本格的検討が始まるはずであった。ところが、あらかじめD、Hの二人の委員が都合がつかず出席できないと通知していた日に第七回委員会の開催通知が届いた。提案した委員は日程変更を再三申し入れたが県側はそれにとりあわなかった。これに怒った何人かの委員は同調して欠席したので、結局一〇月三日の会議は、決定権のない協議会になってしまったのである。

おかしなことだが、事務局は九月二七日の段階で、この事態を想定しており、報道機関に協議会として開催する見込みであると発表している[8]。なぜ延期せず、あまり意味のない協議会を開催しなければならなかったのかは不明である。この間の事情について筆者からの質問に対して、電子メールの添付で届いた琵琶湖環境部長名文書では「第七回の対策委員会で対策工法を審議願う予定は当初から考えておりませんでした」「一〇月三日の開催は、追加調査の結果が報告できる日以降で、委員長が出席可能、かつ委員が一人でも多く出席できる日を選定したものです」と主張している(9)。

三つ目の事件は、委員会の最終段階に起きた。第一四回委員会は、処分場の改善対策案がいくつか出揃い、「対策委員会」としてその中のどの対策工法を推奨するか大きな山場を迎えていた。事務局が提案した五つの案と委員が提案した二つの案が選択肢であった。このうち焦点は、有害な廃棄物の「現地浄化」を基本とする事務局が作ったD案と「撤去」を基本とする先の三人が共同提案したA2案のいずれをとるかということに絞られつつあった。A2案の対策工の費用は、二四三億円。D案の場合は三六億円から五二億円と見積もられたが、いずれも未確定部分が多く決定的な数字ではない（答申：四五）(10)。

委員会の冒頭、委員長は出席していたD委員と筆者に対して、A2案を採用した場合の技術的問題について一七項目にわたる質問に答えよと迫った。その質問文書は、二人にとって、その場で初めて見るものであった。事務局は、当日欠席することを伝えていたH委員だけに、しかも委員会の三日前にメール送信していたのである。後でわかったことであるが、H委員は、送られてきた文書にとくに注記はなかったので、第一五回委員会前までに返答すればよいと思って他の委員へ連絡しなかったそうである。二人の委員はその場での回答を拒否し、次回改めて返答することにしたのは言うまでもない。

さて、これら三つの事件は、「対策委員会」が行政当局から距離を置き独立性を保持することの難しさを明らかにしている。委員長人事、各回委員会の内容と日程、そして少なくとも「結果的に」出席する委員、また資料送付の相手に対する判断などは、すべて事務局が基本的に仕切っているのである。委員会は、それに異を唱える声がない限り、事務局が敷いたレールに沿って運営される。

委員長の権限とて限定的である。答申のための最初の原案は、委員長の指示もないまま事務局が作成した。これにかかわる、第一二回委員会における、筆者と委員長のやりとりを抜粋しておこう（議事録一二・三七、四〇）。

［筆者］

先程、おっしゃっていた委員長の取りまとめの任を負う責務の話にもかかわるのですけれども、先程おっしゃったように、あと三回ですね。先ほど事務局案の素案は委員長の依頼でできたわけではないということだったので、委員長は今後別に答申素案をつくられるのか、あと三回どういうように運営されるのか、まさにそのことをお聞かせ願わないと、我々としても見通しが立たないので、ぜひお願いします。

［委員長］

私個人の方針ですか。私個人が皆さんの意見を聞いて答申案を書くというのは、それができれば一番いいのですけれども、時間的、客観的に全く不可能であります。したがって、事務局に指示をして、皆さんの意見をまとめられれば、それを答申案としてまとめて、それに私が手を入れさせていただいて、そしてこの委員会にかけるという形にならざるを得ないだろうと思います。残念ながら私、滋賀県からフルペイで雇われているわけではございませんので、しかも、この学年末の忙しいときに。

少し後にまた同様のやり取りが繰り返された。

［筆者］

委員長は、ここで皆さん、いろんな人が意見を言っていることを取りまとめていただいて、やっぱりしっかりした案に積み上げていく必要があります。事前に多分、我々に配る前に、こういうものを次回に配りますという形で打ち合わせが委員長と事務局側にあると思います、何度か。

［委員長］

と思われるでしょう。ところが、実際にはほとんど打ち合わせはしておりません。

［筆者］

なぜそれをやってくれというようにいわないのですか、委員長は。

［委員長］

一つには、私もそんな時間はありませんからね。そういう点で、前回のところで、最後の私が削除を要求いたしましたところが残されて、次回信任の投票を問われるのなら、それはそれで結構だと思います。

一般的に言って、諮問機関の委員にとって楽なのは、事務局が出してくる案を多少修正すればよい場合である。問題は、事務局が作った原案がこれまでの審議を何ら反映しないものであった場合に起きる。そうしたとき、当然ながら多くの委員は納得しないが、委員長はだからといって想定外の仕事をしたくはない。その時「フルペイで雇われている」わけではない、それが厭なら信任投票をやってくれ、と開き直る委員長の気持ちもわからぬではない。

先に述べた質問の回答強要で始まり、激論を経て最終答申の内容がほぼ固まった第一四回委員会の二日前、対策委員会の事務局と会議にオブザーバーとして参加していた財団法人産業廃棄物処理場振興財団との間で行った協議内容の記録が残されている。これは情報公開制度を使って筆者が後に入手したものである。そこには「相談の結果」として、次のように記載されている。

実施計画書には、最近、委員会答申を添付することが求められるようになった。各論併記とはいえ、ほぼ現在委員意見が集約されつつある三案（A―二案、B―一案、D案）についてどの工法が長じているといった記述にはならないことが望ましい。滋賀県が実施計画を策定するとは、委員会答申とは全く無関係に策定とはいかないので、「答申案の三工法は甲乙つけがたく、滋賀県にあっては○○に配慮・留意して実施計画を策定されたい」といった答申が望ましいだろう。[11]

これは、実際の諮問機関の舞台裏で、委員ではない事務局とオブザーバーとの間で最終的な答申内容が検討されていたことを示す証拠にほかならない。こうした裏方である行政側事務局の積極姿勢と実際の舞台に立つ委員長の消極姿勢は相補的関係にある。そして、その協働の結果として、時として諮問機関の形骸化、儀式化が達成されるわけである。

誤解がないように言っておくが、筆者は、ここで委員長や行政担当者を個人的に攻めるつもりは毛頭ない。地方自治体では、現実に、そういう仕組みが出来上がってしまっているということを指摘したい、というのが、何よりの本意である。この仕組みに沿って、人々はパフォーマンスをするのだ。そのパフォーマンスが予定されたレールの上を流れる限りは、なんら問題はない。むしろ、それを逸脱して、想定外の委員が委員長に立候補したり、多くの委員が会議に出てこなかったり、会議において委員長に「過度な」仕事をしろと言う方が、行政職員にはまったく迷惑な話であり、困った事態を引き起こすことになる。

遠い会議と構築される答申

表3－2は、「対策委員会」の傍聴者数と取材した報道機関数をまとめたものである。傍聴者は、多くても三〇名に満たない。これは、「対策委員会」が、平日の昼間に県庁のある大津市内で開催されることが多かったためとみられる。第一一回は、休日に栗東市内で地元住民からの意見を聞くという趣旨で開催されたために百名を超える人々が参集した。

筆者は、対策委員会の席上、委員会を栗東市内で開催したらどうかと意見を述べたことがある。そのやりとりをあげておこう（議事録一二：四一）。

［委員長］

栗東で開催してどういう意味があるのでしょうか。

［筆者］

この処分場問題で苦しんでいるのはあそこの住民です。栗東市民です。

表３－２　傍聴者数

	1回	2回	3回	4回	5回	6回	協議会	7回	8回	9回	10回	11回＊	12回	13回	14回	15回	平均
	12月26日	1月29日	3月27日	5月17日	6月28日	8月21日	10月3日	10月25日	11月14日	12月1日	12月27日	1月14日	2月23日	3月15日	3月21日	3月26日	
栗東市内	4	11	5	6	8	6	4	7	3	10	7	100	11	18	11	10	13.8
県内	9	5	0	2	1	4	3	2	2	1	2	14	1	2	2	4	3.4
県外	2	7	2	3	2	5	3	1	2	0	2	1	0	0	0	1	1.9
合計	15	23	7	11	11	15	10	10	7	11	11	115	12	20	13	15	19.1
報道機関	7	6	4	9	5	7	7	4	4	6	6	8	5	8	6	7	6.2

注：報道機関は社数で表示。県内には市内を含まない。第11回は住民説明会として開催

出典：滋賀県資料。

［委員長］
しかし、これは別に一般住民が委員として参加している委員会では。
［筆者］
その人たちの負託にこたえる責任が私はあると思います。そのためには、その人たちが傍聴しやすい場所で開くべきだと私は思います。なるべくそうすべきだと思います。
［委員長］
しかし、傍聴はしていただいても、別に傍聴者と意見を交換するわけじゃありませんしね。かえって私なんかは不便になるわけですけれども。従前どおりやっぱり。

産廃処分場問題は都道府県行政の管轄であり、その対策に関する審議は、県庁所在地で開催すべきだという意見もある。しかし、住民が数十キロ近く離れた場所で開催される会議に足を運ぶのは容易ではない。会議が公開されているといっても、時間的にも空間的にも行きにくかったら、ガラスのドアで遮られているようなものである。筆者としては、やはり、こうした地域問題にかかわる諮問機関の審議は、関係する住民により近いところで行われる方が望ましいと思う。
さて、「対策委員会」は結局、筆者を含む三人の委員が共同提案したA２案を推奨案として決定し、嘉田由紀子知事に答申した。結論部分は次のごとくである。

本対策委員会では、対策工実施の基本方針を踏まえ、表2－7および表2－8に示す対策工七案（A2案～E案）について慎重な議論及び審議を行った結果、第一四回委員会においては委員長を除く出席者一一名の過半数である七名の委員がA2案を支持したため、A2案をもって本対策委員会の推奨すべき案とした。なお、当日欠席した委員も含めて、当該案を支持した委員は次にしめすとおりである。また、その他の委員が推奨する案ならびにこれらを推奨した委員および推奨理由等は二に示すとおりである。（答申：五一）

答申では、最終的にA2案は一八人中八人が支持したことが明記されている。ところが、この答申をうけた嘉田由紀子知事は、その後五月一六日、廃棄物を撤去するのではなく現地浄化するD案を採用すると議会で表明した。[12] 六月議会において、「なぜ対策委員会と違う見解を示されるのか」と問われて、彼女は次のように答弁している。

県が公表しました対応方針では、対策委員会からの報告書をもとに、県としてのとりまとめを行い、対策実施計画書を策定することにしております。対策委員会からは、全量掘削し有害物を除去するA2案と現位置浄化策・D案が主要な案として推奨されたことから、県として、効果的で合理的な対応策を判断し、現位置浄化策・D案を実施計画案策定の基本方針といたしました。[13]

これは事実と異なる。たしかに次に推奨者が多かったとはいえ、答申で「その他の委員が推奨する案」のひとつであったＤ案がＡ２案と並ぶ「主要な案」であるかのように構築されてしまった。そして実は滋賀県による「操作」はそれだけではなかった。Ｄ案賛成者のうち三名（Ｅ・Ｉ・Ｊ）は、そもそも、それを恒久対策ではなく緊急対策として推奨していた。それにもかかわらず滋賀県は、委員が恒久対策案として推奨したかのように取扱ったのである。（答申：六九）

さらに、後になって判明した驚くべき事実がある。

Ｄ案の同意を得ようと二〇〇八年六月に周辺自治会の会長を集めて行った会議において、部長（Ｙ）は、担当部局として、「対策委員会」答申が出される前の二〇〇八年二月段階でＤ案を採用する方針を決めていたことを明らかにした[14]。つまり、諮問機関の「事務局」は、答申が出る前から「担当部局」としての自分たちの方針を決定していたのである。これでは、「対策委員会」での議論は、はたして何のためだったのかということになろう。

諮問機関の今とこれから

諮問機関は、様々なテーマをめぐって作られているし、自治体ごとの差異もありえよう。そうした事例分析の限界を認めたうえで、本章の知見をまとめることにしたい。

この事例を見る限り、「議員と行政職員の参加の問題」「委員の選任問題」「情報の制約という問題」「答申の拘束力の問題」の四つの点については、従来から言われてきた問題が解決されずに存続している。

大きく改善したのは「公開性の問題」である。会議の開催場所に問題はあったものの、今回の研究は、討議資料、議事録、そして審議そのものがすべて公開されたことによって可能になった。これは大きな前進である。今後もこうした情報公開が進んでいけば、何よりも選ばれた委員の怠慢を牽制する機能を果たしていくことだろう。

行政当局は、諮問機関をコントロールしようという組織欲求をもっている。それに抗することができるのは、委員に積極性、能動性がある場合である。この事例では、それがあったために当初八回の予定だった審議が倍近い一五回にも及んだ。これを単純に「非能率」というのは間違いだろう。この間の審議の過程で、委員の間での共通理解は大きく前進した。それは民主主義のコストであり、むしろこの短期間で答申をまとめあげた努力は立派だと言うべきではなかろうか。

とはいえ、そうして作り上げた答申も、行政権力から簡単に却下されてしまった。「答申の拘束力」は未だ理念的なものにすぎない。さらに残念だったのは、答申が示される前に担当部局の方針が決まっていたということである。これでは一体何のための「対策委員会」だったのかと思う。まだまだこのシステムには改善の余地がある。改善策について以下、いくつか提起してみたい。

第一に、諮問機関の事務局を担当部局とは別に設置して、委員に疑念を持たれることのないように円滑公正な運営をはかることが望まれる。一つの組織体に二つの意志が働くことは避けるべきだろう。

第二に、委員の質と数をより厳選して濃密な議論を何度も行えるようにすべきである。欠席しがちで、出席してもろくに発言しないのに、特定の案に賛成するのは全く無責任だと言わざるを得ない[15]。

第三に、答申の尊重を前提にして、行政側はもっている情報はすべて開示すべきである。今回、委員会の答申と行政の判断が食い違った理由は、A2案よりもD案が安価であること、すなわち財政上の制約があったとみるのが自然である。しかし、委員会審議の過程で委員が行政当局に対策工にかかわる予算について尋ねても、それは考えなくても良いという返答であった（議事録一〇：二五、一三：三〇）。

要するに公明正大なやり方に変えて行くべきである。本音と建前の使い分けは無駄以外の何ものも生まない。行政側にも委員になる側にも、市民参画の意義を認識したうえで腹蔵なく議論すること、すなわち民主主義を自ら実践することが望まれている。

最後に、蛇足になることを承知のうえで、こうした諮問機関に社会学者が加わる意義について触れたい。一般的に言って、地方自治体の諮問機関の委員になる学識経験者は、自然科学者あるいは法律などの実務家が多く、社会科学者なかでも社会学者が入ることは少ない。しかし、社会を相対化する社会学者の視点は、諮問機関そして地方自治（体）の民主化にとって有用だろう。

U・ベックは、『危険社会：新しい近代への道』のなかで、市民の「オルタナティブで批判的な職業活動」が重要であり、また有効であると論じた（Beck：三一七＝三九六）。A・ギデンズは、『第三の道：効率と公正の新たな同盟』において、「専門家」に意志決定を任せておくのではなく市民が意志決定に参画すべきである、とした（Giddens：五九＝一〇六）。U・ハーバーマスは、『近代　未完のプロジェクト』の日本語版序文において、インテレクチュアルズは、その職業的能力をもって「専門家」とは違う貢献ができるのだ、と述べた（ハーバーマス：ix）。

そして最近、ブラボイは反省的で学問の世界外へ向う公共社会学（Public Sociology）の重要性を主張している（Burawoy：四三）。

筆者は、彼らの主張に共感する。そして、地域社会において職業能力をもった「市民としての社会学者」が果たす役割はたしかに存在すると思っている。

注

（1）淀川水系流域委員会は、地方自治体ではなく国土交通省近畿地方整備局の諮問機関であるが、本稿の事例と多くの問題を共有している。『東京新聞』二〇〇八年七月二二日社説参照。

（2）われわれの社会の現状を、よく知られるアーンスタインの「市民参加の梯子」図式を使って評価すれば、下から四段目までは登り終わったといってよいだろう。今後の目標は、ここから先のPlacation（懐柔）、Partnership（協働）、Delegated power（委任された権力）、Citizen control（市民管理）の各段階を達成してゆくことにある。［Arnstein］を参照。

（3）社会学は「ある」「ありうる」「あるべき」の三つの視点をもつべきである。この点は、［早川洋行、二〇〇六］を参照されたい。

（4）臨時行政調査会の改革意見においても、答申が尊重されない場合には理由を公にすることがうたわれている。［佐藤：一〇―

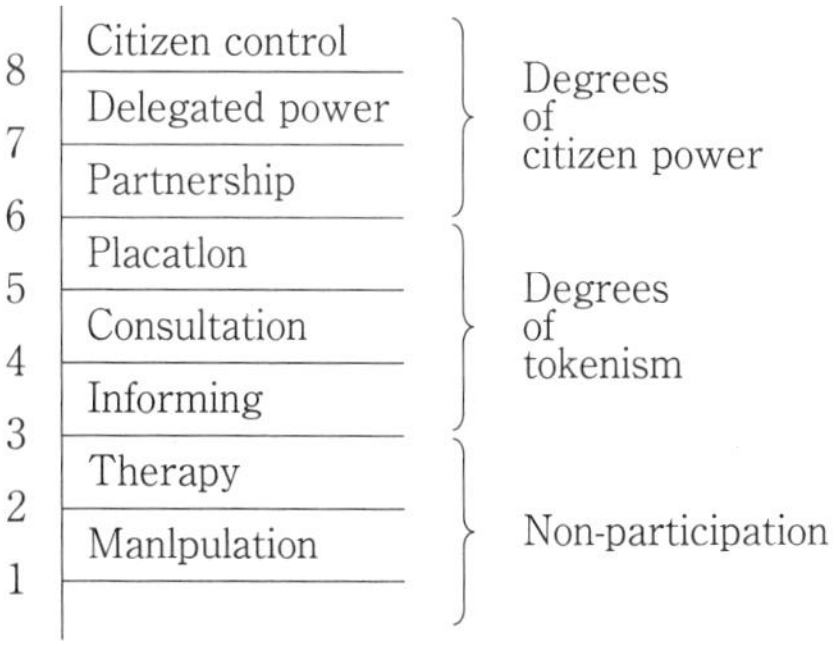

図　市民参加の梯子の８段階
出典：Arnstein: 217

一二」参照。

(5) 詳細は、[早川洋行、二〇〇七]を参照。

(6)「合同対策委員会」とは、この大型焼却炉稼働問題が起きたときに結成された自治会と市民運動団体の連合組織で、対策委員会結成時の加盟団体は、赤坂・中浮気・日吉が丘の各自治会と市民運動団体である産廃処理を考える会の四団体である。

(7) Q委員が七回から一二回まで欠席したのは、処分場の調査工事にあたって県と地元自治会(北尾)との間にトラブルが起きたことが背景にある。専門部会の出席状況は次のとおり。七回すべて出席は、C委員、R委員。I委員六回、F・G委員四回、K委員三回。

(8)『京都新聞』二〇〇七年九月二八日付。

(9) 筆者宛ての二〇〇七年十月一九日付文書。

(10) D案というのは、事務局が提出したB1、B2、Cという「現位置浄化と一部撤去方法」を基本とする三つの案のいずれかという案であり、それゆえ費用には幅がある。厳密にはひとつの案とは言い難い。事務局はこのほかA1案を示したが、それは廃棄物全量を撤去する案で費用は四〇八億円である。

(11) 滋賀県資料「滋賀県栗東市民間最終処分場に係る特定支障除去等事業実施計画書について」平成二〇年三月一九日。

(12) D案採用=A2案却下について、嘉田知事は「住民の安全」の点から一三年かけての工事はできない、ということを理由にあげたが、有害物を現地に残すことが安全につながるのか疑問であり、逆に安心も安全もないとして地元住民から猛反発を受けた。五月一六日付新聞各紙。

(13) 平成二〇年六月議会知事答弁奥村議員(自民党・湖翔クラブ)代表質問

(14) 二〇〇八年六月二七日RD最終処分場近隣自治会長協議における部長発言。第四七回栗東市㈱RDエンジニアリング産業廃棄物処分場環境調査委員会議事録、二八頁。

（15） 委員の選任方法については、［日隅一雄・青山貞一、二〇〇九］がイギリスの公職任命コミッショナー制度を紹介していて参考になる。

文献

Arnstein, Sherry. R., "A Ladder of Citizen Participation", JAIP, Vol. 35, No. 4, July 1969, pp.216-224.

Beck, Urich. Riskogesellschaft: Auf dem Weg in eine andere Moderne, Suhrkamp 1986.（東廉・伊藤美登里訳『危険社会：新しい近代への道』法政大学出版局一九九八年）

Burawoy, Michael, "For Public Sociology", Public Sociology: Fifteen Eminent Sociologists Debate Politics and the Profession in the Twenty-First Century, University of California Press, 2007.

Giddens, Anthony, The Third Way, Polity Press, 1998.（佐和隆光訳『第三の道』日本経済新聞社、一九九九年）

Wheare, K. C., Government by Committee: An Essay on the British Constitution, Clarendon Press, 1955.

江橋　崇「諮問機関たる審議会における公開原則」『自治研究』六一（一一）一九八五年　三―一七頁。

原　拓二「市民参加制度としての諮問機関の運用」『法律時報』五九（一〇）一九八七年　九六―九九頁。

林　泰義「市町村の諮問機関構成員の選任と資格」『都市問題』東京市政調査会七六（七）一九八五年　四三―五三頁。

ハーバーマス（三島憲一編訳）『近代　未完のプロジェクト』岩波現代文庫　二〇〇〇年。

早川和男『権力に迎合する学者たち』三五館　二〇〇七年。

早川洋行「S教授と現代社会学」飯田哲也・早川洋行編『現代社会学のすすめ』学文社　二〇〇六年。

―――『ドラマとしての住民運動―社会学者がみた栗東産廃処分場問題』社会評論社　二〇〇七年。

久礼義一「地方自治体における審議会について―岸和田市における現状と課題」『法政論叢』日本法政学会二三号　一九八七年　七七―八五頁。

日隅一雄（編訳）青山貞一（監修）『審議会革命―英国の公職任命コミッショナー制度に学ぶ』現代書館　二〇〇九年。

今川　晃「審議会等による監視」『都市問題』東京市政調査会八二（八）一九九一年　五三―六四頁。

今村都南雄「審議会と『市民参加』」『都市問題』東京市政調査会六三（一一）一九七二年　三八―五一頁。

加藤幸雄「地方の審議会の現状と問題点」『地域開発』一六一号　一九七八年　四五―五一頁。

松岡恒憲「諮問機関構成員の選任と資格」『都市問題』東京市政調査会七六（七）一九八五年　三三―四二頁。

成田頼明「審議会制度の改善について」『自治研究』四三（一）一九六七年　四五―五六頁。

西川明子「審議会等・私的諮問機関の現状と論点」『レファレンス』国立国会図書館調査立法考査局　五七（五）二〇〇七年　五九―七三頁。

荻田　保「審議会の実態」『都市問題』東京市政調査会六三（一一）一九七二年　二八―三七頁。

パーク、Y・H（田代健訳）「審議会論―日本における政府の諮問委員会制度の一研究　上」『自治研究』四八（五）二〇―三八頁、「審議会論―日本における政府の諮問委員会制度の一研究　下」『自治研究』四八（六）八一―九六頁　一九七二年。

RD最終処分場問題対策委員会『RD最終処分場問題対策委員会委員会報告（答申）』（本文中では答申と略記する）二〇〇八年。

RD最終処分場問題対策委員会議事録一～一五（本文中では議事録と略記する）。

佐藤　功「審議会の在り方―特に住民参加との関係」『都市問題』東京市政調査会六三（一一）一九七二年　三―一五頁。

新川達郎「審議会・懇談会と自治体政策形成」『都市問題』東京市政調査会八八（一）一九九七年　六三―七八頁。

――――「審議会と地方自治の活性化」『市政研究』大阪市政調査会一二八号　二〇〇〇年　一六―二五頁。
庄司　光「地方自治体の諮問機関―現状と課題」『都市問題』東京市政調査会七六（七）　一九八五年　五四―六五頁。
田村浩一「大阪市における審議会の種類と問題」『都市問題』東京市政調査会六三（一一）　一九七二年　五三―六三頁。
田中　守「政策形成過程における審議会の役割」『都市問題』東京市政調査会六三（一一）　一九七二年　一七―二七頁。
手島　孝「地方自治と諮問機関」『都市問題』東京市政調査会七六（七）　一九八五年　三―一〇頁。
辻中　豊「審議会等の透明化・公開の政治学的意義」『都市問題研究』五一（一一）　一九九九年　五七―六九頁。
寄本勝美「ごみ問題と地方議会の機能（一〇）―市長の諮問機関と市議会とのコミュニケーション」『月刊廃棄物』二九（十）　二〇〇三年　六五―六九頁。
山内一夫「地方自治と諮問機関」『都市問題』東京市政調査会七六（七）　一九八五年　二一―三一頁。

第四章　学問弾圧

論文への反発

前章の元になった論文は、二〇〇九年七月に、滋賀大学環境総合研究センター研究年報第六巻第一号に発表した「地方自治体における諮問機関―滋賀県RD最終処分場問題対策委員会を事例にして」という論文である。この論文は、前章を読んだ方はお分かりのように、地方自治体の諮問機関について、これまで指摘されてきた問題点を、①公開性の問題、②議員と行政職員の参加問題、③委員の選任問題、④非能率という批判、⑤情報の制約という問題、⑥答申の拘束力の問題、⑦委員の能動性の問題に整理したうえで、滋賀県が設置し、筆者も委員の一人として参加した諮問機関を事例にして分析を行ったものである。社会科学の論文だから、現状を批判的に考察していることは確かだが、滋賀県を批判するといった政治的目的をもったものではないし、すべて根拠のある事実に基づいて書いたものである。

ところが、滋賀県は、この論文がひどく気に入らなかったらしい。九月二九日に、滋賀大学環境総合研究センター長に対して、琵琶湖環境部長を発信元とする滋最特対第七〇号という公文書をもって、当該論文の再審査を要請してきた。大学の機関が発刊している雑誌に掲載された学術論文に対して、地方自治体のような行政体が再審査を要請するというのは尋常なことではない。ことは、日本国憲法が保障する「学問の自由」にかかわる事柄だろう。

滋賀大学環境総合研究センター（以下、センター）は、この滋賀県による「要請」を検討したが、論文に書かれたことが事実に反しているというよりも、事実に対する意見の相違に基づくものだと判断した。そこで、一一月五日付滋大環第四十号をもって、滋賀県に対して、次号年報への反論論文の掲載とそれに対する筆者の意見等の同時掲載を認めるとの回答を行った。

ところが、滋賀県はこのセンターの回答に満足しなかった。一二月二五日になって、琵琶湖環境部長を発信元とする滋最特対第八七号という公文書をもって、滋賀大学教育学部長（以下、学部長）に「論文の事実についての十分な検証」を行うように要請した。

また筆者に対しても同日付で別の、滋最特対第八七号を送付し、学部長あて「本論文における事実の検証をお願いし、抗議を行」ったことを伝えるとともに、「自ら適切かつ誠実な対応」を求めてきた。そして、同日付「県政eしんぶん」に論文が「事実に反する」もので「県民の安心と安全の観点から容認できないもの」なので、「別紙のとおり滋賀大学教育学部長あてに本論文における事実の検証をお願いするとともに、著者あて抗議を行」った、として、筆者の実名をあげてネット上で「公表」した。

筆者は、先のセンターへの抗議について、反論論文が出たら執筆を依頼することになるというセンターからの連絡で初めて知った。一二月二五日の抗議についても、県職員が大学にやってきて文書を事務職員に手渡したそうだが、非常勤先の大学へ講義のために行っていたこともあって、そのことをまったく知らなかった。筆者は、翌日の朝、友人からの電話で、滋賀県庁のホームページ上の「県政eしんぶん」に自分自身に対する抗議が掲載されていると教えてもらって初めて知った。そして同日夕方、滋最特対第八七号が届き、その事実を改めて確認したのである。

ここで四つのことに注意していただきたい。

第一に、学部長宛て文書、ホームページ文書、筆者宛ての文書は、まったく別物であるが、同じ通し番号（滋最特対第八七号）が付けられていたこと。これらは、同時決済されたのだが、それぞれの宛先に個別に出されていた。すなわち、筆者には、学部長宛て文書もホームページ文書も届いていない。

第二に、年報の編集権は「センター」にあって学部長にはないこと。センターは、大学組織上、学部と同列の位置づけであり、両組織は上下関係にはない。これは大学ホームページに掲載されている組織図からも明らかであり、また滋賀県は様々なイベントを通じてセンターと関係していたことから、十分承知していたものと思われる。

第三に、滋賀県による学部長への苦情申し立ての時期である。筆者は、第二章で論じたように、元従業員の証言をいったん非公開にしたことについて、慰謝料を求める裁判を一二月二一日に起こした。滋賀県は、センターへの要請から二か月以上何もしなかった。ところが、提訴の四日後に突然新たな動きを起こしたのである。

そして第四に、滋賀県は当人である筆者へ直接連絡をすることなく、いきなり職場に抗議を持ち込んだということである。

返答しない滋賀県

その後、筆者は、一二月二九日に抗議に対し反論する論文「行政のバルネラビリティー滋賀県の批判にこたえる」を、ウェッブサイト「ちきゅう座」に発表し、そのことを滋賀県に通知した[1]。また、一二月三〇日付で滋賀県総務部長宛てに「行政対応検証のお願い」を送付した。

筆者としては、二つの点で滋賀県の行為に納得がいかなかった。ひとつは、当然ながら滋賀県の主張そのものである。そしてもう一つは、その主張の仕方である。本人に直接言ってくるのならともかく、まったく知らせずに、本人の職場に要請文を持ち込んだりインターネット上で一方的に批判することが許されることだろうか。これはフェアではない。ましてや、その主体は地方自治体という公権力である。

そこで、とりあえずインターネット・サイトに県庁ホームページの意見への「反論」を投稿するとともに、こうしたやり方が、行政対応として正しいことなのかという疑問を発信元の琵琶湖環境部長ではなく、総務部長にぶつけたわけである。

ところが、これらへの返答はいっこうに届かなかった。そこで追加で、一月二九日付で「知事への手紙」を提出し、少なくとも一二月三〇日付の「行政対応検証のお願い」への返答をしてくれるように頼んだ。滋賀県側からは、二月一日に文書受領の連絡があったものの、内容に関する返答はなかった。これ以外にも電話で返答の督促を一月一八日、二八日の二回行ったことは、その後に入手した県側の記録にも記載されている。ついでにいうと、その記録文書には、ホームページにおける批判文について「決済は琵琶環部長であるが、知事にもみてもらっている」という記載があった[2]。

しかし滋賀県は、こうした、こちらからの連絡を完全に無視し続けた。

これでは、まるで、いきなり殴って走って逃げたようなものである。あるいは子どもがよくやる悪戯「ピンポンだっしゅ」と変わりがない。筆者は、これまで研究者として、書いたものに対して議論を挑まれたことは何度もあったが、言いっぱなしで逃げられた経験は一度もない。これは、あまりに失礼であり筆者を愚弄するものだろう。そして、これが県民の期待を背に受けて、「対話と共感」を掲げて誕生した嘉田県政の実態かと思うと、愕然とする思いとともに憤りがこみ上げてきた。

筆者は、このような行政手法は、断じて許されるべきではなく、滋賀県は公権力を使って自らなしたことの責任を取るべきだ、と考えた。また、何故このような常識外れのことをしたのか、はっきりした理由を聞きたいとも思った。

そこで、二〇一〇年二月一七日、慰謝料三百万円と謝罪広告掲載を求めて、国家賠償法に基づく訴訟を起こすことにしたのである。

滋賀県の批判内容

先に述べたように、滋賀県の筆者に対する批判は、三つのルートで行われた。

私に届いた文書には、批判の具体的内容は何もかかれていない。送られてきた封筒には、滋賀県琵琶湖環境部長名のA４一枚の紙が入っていただけである。その全文を次に示す。

国立大学法人滋賀大学
教育学部教授　早川洋行　様

滋賀県琵琶湖環境部長

滋賀大学環境総合研究センター研究年報に投稿された論文について

平素は、本県の廃棄物行政にご理解とご協力を賜り、厚くお礼申し上げます。

さて、滋賀大学環境総合研究センターが発行されておられます研究年報 Vol. 6 No. 1　二〇〇九（二〇〇九年七月発行）にあなたが投稿され掲載されました論文『地方自治体における諮問機関―滋賀県ＲＤ最終処分場問題対策委員会を事例にして』について申し上げます。

この論文であなたが事例として取り上げておられる『三つの事件』について、その内容が明らかに事実と異なっています。対策委員会委員であったあなた自らが、このように誤まった事実をもとに論文を投稿されたことは誠に残念であります。

ＲＤ最終処分場問題が一日も早く解決できるよう取り組んでいる段階において、このような事実と異なった論文が喧伝されることは、住民の皆さんの県への信頼を失墜させ、到底容認できるものではありません。

このことについて、滋賀大学教育学部長あて当職より本論文における事実の検証をお願いし、抗議を行いましたことをお伝えします。

つきましては、あなたにおかれましても本論文について自ら適切かつ誠実なご対応を執っていただきますよう申し上げます。

なお、今回の論文に対する抗議については、事実誤認を是正するために発するものであり、あなたが真理を追究される自由で活発な研究活動を妨害する意志は決してございませんので、念のため申し添えます。

これだけである。これでは何が「事実誤認」なのか、さっぱりわからない。これに対して、学部長あての文書は、九ページの文書のほかに資料がA４で三五枚ついている。ただし、文書の部分は、感情にまかせて書き散らしたようなところが多く、お世辞にもわかりやすいと言える文章ではない。そこで、おそらく言いたいことだと思われる部分を抜き出してあげておく。

> 国や地方公共団体等において各種の審議会や検討会などが設置されています。それらの審議会等がどのような運営をされているのかの個々の説明はできませんが、この対策委員会において、要綱で定められた「委員長は委員の互選により定める。」という規定に事務局が違反するといった事件性はまったくありません。

論文では「おかしなことだが、事務局は九月二七日の段階で、この事態を想定しており、報道機関に協議会として開催する見込みであると発表している。」としていますが、これは九月一八日付けで発送した対策委員会の開催通知を受理された以降も、ボイコットを取りやめるとの表明がなく、対策委員会を公開で行い、一般県民の傍聴が認められていることや報道機関の取材があることなどから、当日の混乱を避けるため発表したものです。

論文では、対策委員会の三日前にメール送信したと強調されていますが、第一三回対策委員会が三月十五日、第十四回対策委員会が三月二一日にあり、メール送信した三月一八日は議事録のとりまとめ作業などを含めると、最速の日と考えています。

この対策委員会は、行政当局からの距離を議論するような委員会ではないと考えています。

論文では、委員長が「フルペイで雇われているわけではない。」と発言されたことをコメントしています。実は、このような発言は委員長だけでなく、他の委員からもなされています。対策委員会にお集まりいただきました各委員は、皆さんそれぞれの本分といえる立場でご活躍をいただいております。従いまして、県としましては、皆さんに理解と協力をいただきながら、それぞれの皆さんの本分を侵さず、実のある対策委員会が開催されるように心がけてきました。

論文では「委員でないオブザーバーとの間で最終的な答申内容が検討されていた」としていますが、第一三回対策委員会で対策委員会報告書の議論が為されており、この議事録を参照願います。対策委員会として熱心に審議され報告書が取りまとめられたことは明らかです。

被害妄想に基づく誤解曲解と言ってしまえば、それまでだが、これらの批判は事実誤認を指摘するものではまったくない。第三章を読めばお分かりのように、論文では、委員長選任に「規定違反があった」とは、まったく書いていないし、論文が問題視したのは、委員会を延期しなかったことであり、滋賀県は、出席者が定足数に足りないとわかっていて「協議会」を強行開催したことを自ら認めている。また、三日前のメール送信それ自体が問題だとは言っていないし、この委員会が「行政当局からの距離を議論するような委員会ではない」のは当たり前である。県が対策委員会の成果を上げるために、それなりに心がけてきたことも、おそらくたしかなことだろう。熱心な審議があったことも、その委員会の議論に参加した一人として間違いないことだと認める。

ところが、まるで、論文では事実に基づかない批判が書かれているかのように述べている。これこそ大きな事実誤認だろう。そして、そのあげくに次のように述べるのは、筆者に対してきわめて失礼だし、あまりに自分勝手ではなかろうか。

率直に申し上げて今回の論文は、誤解や偏見、さらに申し上げると悪意すら感じる内容であり、当方といたしましてはとても受け入れられる内容ではありません。一つひとつの木々をねじ曲げ、脚色し、虚構のドラマを想像した社会正義に反するものと受け止めています。教育者を教え、育てる滋賀大学環境総合センターが編纂される研究年報に掲載された論文でありますことから、その影響は計り知れないと認識しております。どうか当該論文と本文書を検証され、必要な対応を執られることを願うものです。

最近たまに新聞沙汰になることだが、研究者にとってデータを捏造したり、意図的に改変することは、職を奪われかねない重大事である。滋賀県は、筆者が「虚構のドラマを想像した」と述べ、学部長に「必要な対応」をとるようにと願っている。これは筆者が研究者倫理に反する行為をしたので、大学は処分せよという意味だろう。これはたんなる反論ではなく、告発である。

それにしても、「社会正義に反する」とは、我ながら、まったくひどい言われようである。この批判は、筆者が研究者であることの水準を越えて、一人の社会的人間としての人格をも否定するものだとも言える。行政が正式な公文書において、ここまで一個人を攻撃した事例を、筆者は、これまでほかに知らない。

さらに、問題はこのことにとどまらなかった。この滋賀県が学部長に渡した文書（同じものがセンター長にも渡された）には、資料として、地元の自治会館で開催されたＲＤ問題についての説明会の議事録が添付されていた。この資料にも問題があったのである。議事録には、多くの地元住民の発言が記録されていたが、筆者の発言にのみ「住民（早川）」と実名が記載され、それがそのまま提供されたのである。これは、明らかに意図的なものであり、行政が入手し保有する個人情報に関する保護の観点から言って、極めて疑念が残る行為だと言わざるを得ない。

ホームページでの批判

滋賀県は、ホームページでも抗議を行った。そこには次のようにある。(3)

滋賀大学環境総合研究センター研究年報に掲載された論文に対する抗議について

本年七月に発行された滋賀大学研究センター研究年報 Vol. 6 No. 1 二〇〇九に同大学教育学部教授　早川洋行氏が投稿し、掲載された論文『地方自治体における諮問機関―滋賀県ＲＤ最終処分場問題対策委員会を事例にして』において、論じられている内容が事実と異なるため、本日別紙のとおり滋賀大学教育学部長あてに本論文における事実の検証をお願いするとともに、筆者あて抗議を行いましたので公表します。

そして、その別紙の前文では、「県では、ＲＤ問題の早期解決に向けて取り組んでいる中、こういった事実に反する論文が紹介され、流布されることは、今後のＲＤ問題の早期解決に対して支障を来すものであるとともに、県民の安心と安全の観点から容認できないものであることから、センターに、論文に対する検証と掲載についての抗議を行った」とあり、「抗議の内容」を三点にまとめている。

この文書は、大学に渡した文書よりも、整理されていて格段にわかりやすいものである。それらを順にみて行こう。

① 委員長選任問題から

・筆者の主張：事務局が〝委員長人事〟を仕切っている。
・事実：筆者は対策委員会で委員長に立候補したものの委員長に選任されていないが、対策委員会における委員長選任は委員の意志により公正に行われた。

そのとおりである。ふたつの主張はなんら矛盾するものではない。私は、論文で自ら委員長に立候補したが選任されなかったことを正直に書いているし、委員長選任が公正に行われなかったなどとは、一切書いていない。私が指摘したのは、事務局が委員長予定者を用意しておき、とくに委員から異論がなければその人で決まる、というやり方が一般的になっているので、委員長に立候補者が現れると想定外のドタバタが起きる、ということである。

この点については、大学に持ち込まれた説明会議事録の中で、一回目だけ出席して辞任した委員が対策委員会の委員長予定者だったと、対策室長自らが認めてもいる。

②　定数不足で対策委員会が協議会として開催されたことから

・筆者の主張：事務局が〝各会委員会の内容と日程、そして「最終的に」出席する委員〟を仕切っている。

・事実：筆者は、筆者と共同提案する委員が出席できない日程での開催であるとして委員会をボイコットしたが、各委員会の内容は委員会の進行により議論されており、日程は委員長が出席でき、かつ最も多くの委員の出席が可能な日として公正に判断している。

事実をねじ曲げてはいけない。筆者は「少なくとも『結果的に』出席する委員」を仕切っていると書いている。「最終的に」というのは滋賀県による捏造である。事務局が意図をもって特定の委員を排除したとは一言も言っていない。「事実」としている文中の「判断している」の主語は事務局だろう、と言っているのである。筆者は、これ以前も以後も、地方自治体の審議会の委員長を経験しているが、議題によって是非出席していただきたい委員がいる場合には日程を配慮している。逆に「○○委員が欠席ですのでこの問題は先送りにしましょう」ということもある。しかし、事務局が仕切っていて、そういう委員の自主性が認められない場合もあることを指摘しただけである。

③　第十四回対策委員会における委員長の進行から

・筆者の主張：事務局が〝資料送付の相手に対する判断〟を仕切っている。

・事実：筆者は、筆者と共同提案する委員のみに会議開催までに間のない時期に事務局から資料を送付したとするが、開催日程や共同提案の状況から判断して適切な相手方に資料を送付し、送付相手方も会議開催までに資料を受領している。

この問題に関しては、事務局の配慮が足りなかったと正直に認めるべきではなかろうか。三人の共同提案で、うち一名はあらかじめ欠席を通告していた。その一名のみに、何の説明もなく資料を送付し、残りの二名に何の事前相談もなく会議冒頭で突然回答を求めるやり方が、果たして「適切」なのだろうか。しかも次回の会議まで時間がないことが分かっていたのだから、なおのこと丁寧な連絡や確認をすべきだった。この県の対応が適切だったとするのなら、それは、どのような目的にとって「適切」なのか、という問題だと思われる。

ホームページに載っている文書によれば、この三点が事実と異なる「抗議の内容」である。先の過激な批判からするといささか拍子抜けの感があるし、すべて簡単に否定できる事柄である。これまた「事実誤認」というよりも、はっきり言って稚拙な誤読曲解である。

筆者に送られてきた滋最特対第八七号、大学に渡された滋最特対第八七号、そしてホームページに掲載された滋最特対第八七号は、後者二つに内容上で重なる部分があるとはいえ、違う文書である。そして、すでに明らかなように、筆者宛ての文書は内容を示さず不安を煽るだけのもの、大学宛ての文書は、筆者を激しく罵倒するものであり、ホームページの文書は、自らの主張を客観的に正しいことであるかのように主張するものであった。まったく、姑息で汚いやり方であるとしか言いようがない。

今回の滋賀県による批判が学術的な論文批判ではないことは、誰が見ても明らかではないだろうか。裁判の過程で入手した滋賀特対第八七号の決裁文書には部長以下一三名の捺印があった。そのことからしても、むしろこれは、組織的意図的になされた、近年まれにみる行政権力による学問弾圧事件と言ってよいと思う。

滋賀県の過剰反応の要因

すでに述べてきたように、論文に対する滋賀県の批判はすべて的外れのものである。それにしても、なぜ滋賀県は、ひとりの大学研究者が書いた一本の学術論文に対して、これほどの過剰反応をしたのだろうか。

その最大の理由は、RD問題の解決が滞っていることからくる「焦り」だったと考えられる。対策委員会が答申を出して以降、滋賀県はこの問題に対してミスを重ねていた。まず、対策委員会答申で推奨された有害物撤去案を採用せず、現位置浄化案を採用すると表明したことが失敗であった。これは嘉田知事の明らかなマニフェスト違反。地元住民から猛反対をくらってしまった。

そして、住民同意がなくても栗東市の同意をとればよいと動いたのは、火に油をそそぐ結果になる。栗東市の同意はやっとのことで得られたが、住民の怒りはおさまらず、結局、対策工事の予算計上を見送る羽目になった。その後滋賀県は、住民側に対して「第三者をいれた協議の場」の設置を提案したりもしたが、滋賀県そして嘉田知事への不信感をつのらせた住民には受けいれられるはずもなかった。

そうした状況のなかで本論文が発表されたのである。滋賀県の担当者は、筆者の論文を素直に読むことはできなかったのだろう。仕事がうまくいかずに悩む目には、筆者の論文が住民側の行政不信をあおるものとして映ったに違いない。すなわち剥奪感のバイアスが歪んだ理解を生んだと考えられる。

そして、きっかけがあった。筆者が滋賀県を相手取って起こした損害賠償請求裁判である。滋賀県の反応は、論文に対する批判を超えて、個人に対する人格的批判に及んでいるようにも思える。そう考えると、思い当たるのは、第二章で述べた裁判である。筆者は、一二月二一日に訴状を提出した。そして、滋賀県の抗議はそれに呼応するかのように起きている。鬱積した不満のはけ口として、筆者の論文は格好のターゲットになってしまったのかもしれない。

大津地方裁判所の判断

さて、この紛争は裁判の場で争われることになった。筆者にとって、この裁判は、先の情報公開にかかわる裁判と同じか、それ以上に楽しく新たな発見に満ちたものであった。

これは今回も弁護士をつけない本人訴訟で闘ったことにもよると思う。

こちらの主張は、滋賀県は、①「学問の自由」の侵害、②「プライバシー」の侵害、③「行政手続の権利権益」の侵害、④「名誉と信用」の毀損を行ったので、国家賠償法に基づいて、慰謝料三百万円を支払えというものである。事件から約一年間の審理の末に、大津地裁（石原稚也裁判長）の判決が下った。（二〇一一年一月二五日）[4]

主文

一、原告の請求をいずれも棄却する。

二、訴訟費用は原告の負担とする。

また負けたのである。正直言って筆者は、この裁判については、敗訴するとは全く予想していなかった。やはり、素人が裁判で行政相手に勝利するのは、そうたやすくはない。

争点を整理しよう。

まず、①「学問の自由」であるが、憲法の解説書には、権力が学問の発展を妨害してきたことを踏まえて、この権利が認められたこと、そして、「研究内容を発表する自由」ばかりでなく、「職務上の独立や身分の保障」「大学における教授の自由」「大学の自治」が含まれることなどが書かれている。筆者は、今回の滋賀県の行為は、これを侵すものだと主張した。

これに対して滋賀県は、「学部における研究活動について学部長は一定の責任がある」ので、文書を提出したものであり、「本件論文に対する反論として、その方法や内容において適当な範囲を超えるとはいえない」と反論した。

②「プライバシー」の侵害。滋賀県は、学部長への抗議に当たって、私が住民の一人として参加した

地元集会（県が主催）の議事録を持ち込んだ。先述したように、そこには、私の発言のみが「住民（早川）」と明記されている。滋賀県個人情報保護条例は、「特定の個人を識別できるもの」について、利用目的を特定すること（五条）、本人同意のない取得の制限（六条）、正確性および安全性の確保（七条）、そして利用および提供の制限（八条）を定めている。筆者は滋賀県の行為はこれらに違反すると主張した。

これに対して滋賀県は、この説明会は誰でも参加できる状況で行われていたのだから、そこでの発言は個人の秘密ではないし、議事録は学部長という特定の者にしか渡していないのだから公然と情報をまき散らしたわけではない、と反論した。

③「行政手続の権利権益」の侵害。行政手続法は、あいまいな行政指導がトラブルを頻発させた反省を踏まえて作られたものだろう。滋賀県行政手続条例でも、行政指導を「その任務または所掌事務の範囲内において一定の行政目的を実現するため特定の者に一定の作為または不作為を求める指導、勧告、助言その他の行為であって処分に該当しないもの」と定義し、任務または所掌事務の範囲の逸脱の禁止（二九条）、行政指導に従わないことを理由にした不利益な取り扱いの禁止（二九条二）、苦情の申出の権利と適切な対応の義務（三四条）を定めている。今回の県の行為は、これらすべてに違反しているというのが、筆者の主張である。

これに対して県は、論文批判は「私人同様の行為」であり、行政手続法の範疇にはいらない。それは「表現の自由」の範囲だと反論した。

④「名誉と信用」の毀損。名誉毀損罪（刑法二三〇条）は、「公然と事実を摘示し、人の名誉を毀損し

た者は、その事実の有無にかかわらず、三年以下の懲役若しくは禁錮又は五〇万円以下の罰金に処する」と定めているが、その中の「公然と」の意味は、「不特定または多数が知りうる状態」と解されており、不特定または多数のものが現実に認識したことは必要ではなく、認識しうる状態で十分である。滋賀県の論文批判は、公文書によるものであり、まさにこれにあたると主張した。

これに対して滋賀県は、たしかに名誉と信用を毀損するがごとき行為をしたが、この文書は、センター長と学部長にだしたものであり、一般にまき散らしたものでないから問題ないと反論した。

判決は予想外のものだった。大津地裁の判決は、これまで存在しなかった論点を持ちだしてきて、原告敗訴を言い渡したのである。その論点とは、そもそも被告の批判は、「原告の社会的評価を下げるものではない」という主張である。つまり、紛争の大前提を全否定することで、全ての論点の価値を下げようとするものだった。学部長に渡した文書について、判決は次のように述べる。

本件意見書は、本件論文に対する印象を表現したものと理解するのが通常であると考えられ、これらの点にかんがみると、本件文言中に「社会正義に反するもの」などという文言が用いられていることを考慮しても、本件意見書は本件論文に対する反論として許容される限度を超えたものとはいえず、これをもって、原告の社会的評価を低下させるものと認めることはできない。

またホームページ文書についても同様である。

それらの記載内容は、本件論文で対策委員会について論じられている内容が事実と異なっていると指摘した上で、センターと教育学部長に検証を求めたことを「抗議」と表現したもので、その内容や表現からみて、それらが、原告の社会的評価を低下させるものと認めることはできない。

大津地裁は、行政体が自らのホームページで実名をあげて「県民の安心と安全の観点から容認できない」論文を書いた、と述べ、大学学部長へ「誤解や偏見、さらに申し上げると悪意すら感じる論文」を書き、「一つひとつの木々をねじ曲げ、脚色し、虚構のドラマを想像した社会正義に反する」論文を書いたという文書を渡したことを「原告の社会的評価を下げるものではない」と評価した。このような判断が成り立つとは、こちらは（そしておそらく被告側も）全く考えもしなかった。

そして、判決文は、批判は原告本人ではなく論文へ向けられたものであり、「地方公共団体だからといって、このような反論が許されないわけではないことは、本件訴訟のように、地方公共団体が当事者となって訴訟活動をする場合を想起すれば、容易に理解できる」と言う。また、プライバシーの侵害については、滋賀県の主張をほぼ全面的に認め、「違法な行為と認めることはできず、この点に関する原告の主張も採用することはできない」と言い切っている。

これには正直、呆然とする思いだった。まるで、行政を勝たせるために無理やりこじつけたとしか思えない理屈である。もし、本当にそう思っているのなら、裁判官はあまりにも世間を知らない。また学問研究を理解していない。

この判決は、裁判所の法廷と市井の生活を同一視している。裁判において、行政は意見を自由に述べることができるのだから、日常世界でも、それができて当然だというのでは、何のために「学問の自由」や「言論の自由」が憲法で保障されねばならなかったのか、わからない。これは行政にも私人同様の「表現の自由」を認める判決にほかならない。また、学術論文が研究者の全身全霊をかけた作品であることが全然わかっていない。これまでの判例でも学術論文に人格権が及ぶことは認められているが、裁判長はそうした判例を無視している。

何より基本的な問題は、この判決が、今回の紛争が公権力と私人との間で争われたものであることを等閑視して、私人間でのみ成り立つ法理をもって裁いていることである。筆者は法律の素人であるが、これはどう考えてもおかしい。筆者が提訴した理由は、被告が公権力であったからである。これは個人的な問題ではなく社会的な問題だと考えたからこそ、提訴したのだということを全く理解していただけなかった。日本の司法がここまで劣化していたというのは、驚くべき発見であった。

そこで筆者は、即刻、控訴することにした。

大阪高等裁判所の判断

二〇一一年九月八日、大阪高等裁判所第六民事部（渡邉安一裁判長）は、控訴人（筆者）の訴えを棄却

する判決を下した。控訴審は、事実上書面のみの審議であった。しかし、大阪高裁の判決は、判決文こそ同じであるが、そこにいたる理由については地裁判決と大きく異なるものであった。たしかに賠償金は取れなかったとはいえ、内容的にはこちらの主張が、ほぼ認められており、実質勝訴とも言ってもよい判決内容であった。

高裁判決は、まず判断基準を次のように明確化している(5)。

名誉感情の侵害について国賠法上の違法性の有無については、私人間の外部的名誉の保護と表現の自由との調整原理である真実性・相当性の法理をそのまま当てはめることはできず、その行為が被控訴人の公務の円滑な遂行に必要であることのほか、侵害された権利権益の内容及びその程度、侵害行為の態様、前提とした事実の真実性ないし真実と信ずるについての相当な理由の有無、その他諸般の事情を総合考慮して個別に判断されるべきものである。

高裁判決は、この観点から、「学者が、間接資料ではなく、自ら経験的に認識した事実を基礎に執筆した論文の事実関係の中に真実と異なる部分があると言明されることは大きな問題であり、その名誉感情を害されたであろうことは容易に推認できる」として、筆者の名誉感情の侵害を認める。すなわち、社会的評価にかかわる「名誉」とは別に、主観的な「名誉感情」の侵害を認めるのである。そして、滋賀県の行為について「論文執筆者である控訴人に直接対峙して正面から問題の解決を図るというより、学内行政上の上下関係を利用して解決を図ろうとした行為と指摘されてもやむを得ない」とする。

しかしながら、学部長は「論文に対する抗議（異議申し立て）が所属学部長になされること自体が筋を違えた行為であるとの冷静な判断をしていたことが推測」されるので、（学問の自由の侵害など）控訴人に被害が及ぶ危険性が生じていたとは解しにくい、とする。

またプライバシー問題については、「教育学部長に本件議事録を交付したことは同条例八条一項に抵触する可能性も否定できない」としつつも、情報が不特定多数に対して公表されたものではなく、学部長宛てに送付されたに過ぎないと述べる。

さらに、県がこちらからの苦情に取り合わなかったことについては、「控訴人の主張する意見陳述の機会なるものが、いかなる法律上の利益であるか不明である上、そのような機会を保証するために、被控訴人代表者が控訴人の質問に対して回答すべき作為義務を負う法律上の根拠も見当たらない」ので、請求は理由がないとしている。

大阪高裁は、これらの個別判断の上に総合的に考えて控訴を棄却したのである。

この判決について全体的な印象を述べるならば、滋賀県の行為は、原告を傷つけるものであり、けっして誉められたものではないが、原告には被害もあまりなかったことだし、法律上、道徳上の問題があるとしても、損害賠償を認めるほどではない、といったところだろう。そう言われてしまえば、筆者としても積極的に反論しづらい。たしかに筆者は、この事件によって取り返しがつかない社会的不利益を受けたわけではない。むしろ、はからずも行政の実態について、身を以て知る良い機会になったし、それ以外にも勉強になったことは多い。全体的に考えれば、むしろ少し得をした気がしている。

そのことのひとつとして、この判決から得られた社会学知見について、次に述べよう。

行政広報の地位低下

今回の事件において確認できる事実として、まず行政広報の地位低下という点を指摘することができる。控訴審判決は、県庁のホームページで論文批判がなされたことについて次のように述べる。

控訴人は、被控訴人のような行政等は、一般のメディアと比較して高い信用性があるとか、インターネット上の公表は不相当であったなどとも主張しているが、前記の通り、控訴人自身も対策委員会に委員として参加した上で本件論文を作成したものであるから、読者から見て直ちに本件文書二（滋賀県の主張…筆者）の方が高い信用性があると判断されるものではないし、控訴人自身もセンターを通じて本件論文をインターネット上に公開することを承諾していたことからすると、控訴人の上記指摘は、上記の判断を覆すに足りない。

これは、行政の広報（県庁ホームページ）を他の言論メディアと同等のものとして位置づけた画期的な判決ではないだろうか。もちろん、この評価には異論もあるだろうが、情報化が進み、原発問題等での政府発表への不信が残る今日的状況においては、たしかに一定首肯しうる主張である。こうした判断は、ネット時代とも言える時代状況を背景にして出てきている。以前なら、このような言明はなされなかったに違いない。

高知地方裁判所の判決（昭和六〇年一二月二三日：昭和五六年（ワ）第三一一号）判タ六一二号六六頁・判時一二〇〇号一二七頁）は、土佐清水市の市報に掲載された記事が原告会社の社会的信用を低下させたのは明らかであるとして、国家賠償法に基づく損害賠償請求を認めた。その判決は次のように述べている。

地方公共団体の反論を広報として配布する場合には、広報に名を借りた個人攻撃とならないよう、前提事実の認定及び差別性の判断は慎重になされるべきである。

地方公共団体が広報に掲載する記事を作成する際には、少なくとも、当事者双方、とりわけ、問題があるとされた側から事情を聴取し、これに基づいて内部で十分に検討を加えるなど慎重な配慮をしたうえで事実を確定すべきである。

また広島地方裁判所支部の判決（平成五年三月二九日：平成元年（ワ）第一〇号　判時一四七九号八三頁）は、某市内の小学校に勤務する教諭（原告）の職員会議での発言が、その市の広報紙および教諭が居住する別の市の広報紙に掲載され（ただし、仮名による）、名誉を毀損されたとして損害賠償および謝罪文の掲載を請求したものであるが、判決は、市の広報紙が「その公共性から市民にとって正確で、重要な情報を提供すべき使命を有していると同時に、市民からも高い信頼性を勝ち得ていること」から「格別の真実性が要請されているといわねばならない」ことを理由にして、「原告の損害の回復は慰謝料の支払いだけでは十分でなく、同一の媒体を通じて名誉回復措置がとられなければならない」と述べた。

これらの判決には、行政広報は他のメディアとは違い、特別のものであるという認識がある。しかし、もはや今日、それは通用しないのかもしれない。行政への信頼が低下してゆき、それと同時に行政広報に求められる注意義務も緩む傾向にある。

情報化とプライバシー

判決から考えさせられる第二の問題は、「不特定多数」という言葉の意味にかかわっている。控訴審判決は、筆者の地元で行われた説明会の議事録について、発言者の実名付きで学部長へ渡したことについて「不特定多数の者に対して公表されたものではない」として認容している。このことについては、中国要人の講演会に参加した学生の氏名・住所を警察に提供したことの是非が争われた「講演会参加者名簿提出事件」についての最高裁判決（平成一四（受）一六五六　平成一五年九月一二日最高裁判所第二小法廷）に照らして疑義が残る。その判決は次のように言う。

同大学が本件個人情報を警察に開示することをあらかじめ明示した上で本件講演会参加希望者に本件名簿へ記入させるなどして開示について承諾を求めることは容易であったものと考えられ、それが困難であった特別の事情がうかがわれない本件においては、本件個人情報を開示することについて上告人らの同意を得る手続を執ることなく、上告人らに無断で本件個人情報を警察に開示した同大学の行為は、上告人らが任意に提供したプライバシーに係る情報の適切な管理についての合理的な期待を裏切るものであり、上告人らのプライバシーを侵害するものとして不法行為を構成するというべきである。原判決の説示する本件個人情報の秘匿性の程度、開示による具体的な不利益の不存在、開示の目的の正当性と必要性などの事情は、上記結論を左右するに足りない。

このように最高裁判例は、プライバシーを個人が特定される情報として広くとらえ、その管理についての「合理的な期待」を重視している。現代社会は、個人がマスメディアのように不特定多数に情報を送ることが可能にするツールをもった社会である。そうであるならば第三者に渡すことは、常に「不特定多数」に流される可能性があることを覚悟すべきではなかろうか。ましてや、この文書は公文書である。当然、情報公開の対象になるだろうし、その際、すでに第三者に公開している実名を非公開とすることに理由づけするのは難しいに違いない。

すなわち、ネット時代にあっては、行政情報を特定の者に開示することと不特定の者に開示することに大きな違いはない。最高裁判例の示す通り、そもそもの情報提供者の合理的期待を基準にして、是非を判断すべきではないだろうか。

国家的秩序と社会的秩序

　さて、この事件からも見えてきた行政の問題については、あらためて論じることにして、ここでは、筆者がこの裁判闘争から学んだ法システムの問題についてのみ述べておくことにしよう。

　筆者は法律の専門家ではないが、自分に降りかかった火の粉は、基本的に自分で振り払うものと考えていたので、弁護士に基本的に頼らず本人訴訟で闘ってきた。国家賠償法に基づく以外に別の法律を根拠にする手があったかもしれないが、素人には思いつかなかった。その限りで理解したのは、裁判所は法律違反を判定するところであって、正義を判定するところとしては限界がある、ということである。

　判決では、滋賀県が学部長へ苦情を申し立てたことについて、「論文執筆者である控訴人に直接対峙して正面から問題の解決を図るというより、学内行政上の上下関係を利用して解決を図ろうとした行為と指摘されてもやむを得ない」としている。また滋賀県が、こちらからの苦情を無視したことについて「控訴人の主張する意見陳述の機会なるものが、いかなる法律上の利益であるか不明である上、そのような機会を保証するために、被控訴人代表者が控訴人の質問に対して回答すべき作為義務を負う法律上の根拠も見当たらない」としている。市民社会における規範に照らして、職場に文句を言いつけることや勝手に批判しておいて逃げるような行為は、卑怯で下劣なことであることは、明らかであろう。しかし、こうした卑怯で下劣な行為は、それを禁じる法律がない以上、裁く対象ではないのである。

　裁判所というのは、国家機構の一つであって法に基づく国家的秩序の維持を担っている。しかし、われわれの社会は、それだけでは十分に機能しない。そうした国家的秩序としての法を補って、道徳の領域がある。これは社会的秩序の領域と言ってよいだろう。ではこうした社会的秩序の維持を担うものは何だろうか。筆者は言論だと思う。「法律的には罰せられないかもしれないが、道徳的には不適当な行為」を顕在化させ、正しく指摘するのは、学問とジャーナリズムの責務だろう。行政権力を正義へと導くものは法と言論であり、両者は車の両輪でなくてはならない。

今回の訴訟において、筆者が真に求めていたものは賠償金ではもちろんなくて、今回の行政運営が正義にかなっていないという判定である。これは、そもそもの筆者の論文の主張でもあった。この点からすれば、高裁判決は、正直に自らの法システムの限界を示したものと読むこともできる。

今回の事件から見えてきたことは、第一に、行政権力による人権侵害はけっして過去のものではなく、現代でも行政組織が自らを批判する者に対して公然と人権侵害を行うことがあるという事実であり、第二に、裁判所は、ただそれだけではそうした不正を裁けないということである。しかし、裁判に訴えることは決して無意味ではない。それは、潜在的機能として社会的な影響力を行使する。つまり、住民から訴訟を起こされたこと自体が、行政体の行うガバメントあるいはガバナンスがうまくいっていない何よりの証拠であり、その裁判の結論がどうであれ、それは今後の行政運営に影響を及ぼさざるをえないのである。(6)

この観点からすれば、第二章で論じた裁判と同様に、大阪高裁判決は、第一審の大津地裁判決とは違って、筆者には比較的受け入れやすいものであった。

注

（1）chikyuza.net/modules/news1/article.php?storyid=886

（2）滋賀県資料「滋賀大学早川教授からの文書に対する対応状況について」平成二一年二月三日。

（3）「県政ｅしんぶん」二〇〇九年一二月二五日。http://www.pref.shiga.jp/hodo/e-shinbun/df0001/20091225.html

（4）平成二二年（ワ）第一七八号損害賠償等請求事件。

（5）平成二三年（ネ）第六〇四号損害賠償等請求控訴事件。

（6）このことは、住民監査請求についてもあてはまる。住民監査請求が認められることは極めてまれである。しかし、それが契機となって実質的な改善がなされることはよくある。尚、滋賀県は、事件後「県政ｅしんぶん」に「プライバシー保護のため、個人情報の一部を掲載しないことがあります。」という文言を載せるようになった。

第五章　世間文化と行政文化

組織の文化

行政に限らず、企業や学校等でも、その組織内だけで通用する「常識」というものがある。そして、そのなかには、時として社会道徳や法律に違背するものも存在している。平常はそれで何事もないのだが、いったん事件として表沙汰になると、部外者から、なぜそんなことがこれまで通用し続けてきたのか、誰か内部に改めようと言う人はいなかったのか、と指摘され、当事者たちは自らの非常識に気づくことになる。

筆者は、ＲＤ問題にかかわって滋賀県行政と頻繁にやりとりするようになった。その一〇年以上の歳月の中で、県庁組織の論理は、極めて独特だと感じることが多かった。しかしまた、こうしたその組織独特の論理が強い持続力をもっていて、大きな事件でも起きない限り、容易に変わらないことについては、なにも滋賀県行政だけではなく、日本社会に普遍的にみられる現象だとも感じる。

社会学では、組織の内外に違う規範が存在すること、いわゆる二重規範（ダブル・スタンダード）の問題は、これまでも論じられてきた。Ｍ・ウェーバーは、それを対内道徳と対外道徳と呼んだし、最近ではP・ブルデューが「界」という言葉で、その独立した規範世界の併存を論じている。しかし、日本社会の現実を解明する用語としては、対内道徳と対外道徳にしろ、界にしろ、十分なものではないように思う。筆者は、ここで「世間」という観点から、この問題にアプローチしてみたい。本章では、まず日本社会に普遍的に存在している世間意識の問題を論ずる。そして、その後で、これまでの滋賀県行政から見えてきた行政文化について述べることにしよう。(1)

「世の中」という言葉

一般に日本人は自らの生きる世界を指し示す言葉として、「世の中」「社会」「世間」という言葉を無意識に使い分けている。世間についての話をする前に、まず「世の中」「社会」という言葉に意味について説明することにしよう。そのほうが、世間の意味がより鮮明になると考えるからである。

まず「世の中」という言葉を考えてみよう。世の中というのは「世」の中という意味だから、問題なのは「よ」という言葉の意味である。「よ」とは、何を意味したのだろうか。

この言葉は、やまと言葉、すなわち漢字が使われる前から存在していた日本語である。筆者が探し出した「よ」という言葉の最古の用例は、次の『竹取物語』の冒頭の一節であった。

「竹取の翁、竹を取るに、この子を見つけて後に竹とるに、節を隔ててよごとに金ある竹を見つくる事かさなりぬ」(この子を見つけて以来、竹取の翁が竹を取ると、節と節で区切られた部分に金がある竹を見つけることが重なった)(2)

このように『竹取物語』では、「よ」とは、もともとは竹などの節と節との間で区切られた部分を意味する言葉であった。ここから「節」という漢字に、「よ」という読みが存在する理由が理解される。ただし、ここから、「よ」はもともと植物の一部分を指す言葉だった、と理解してしまうのは早計である。じつは「よ」には、もう少し、より広い意味がある。

古語辞典を調べてみると「夜」の「よ」も「節」と同根の言葉であるとされる。[3]「よ」を植物の一部分とするのでは、このことはまったく理解できない。なぜ、夜も「よ」なのだろうか。「節」と「夜」、一見これらには何の関係も無さそうだが、よく考えてみれば、夜は一日のうち日没から日の出までを意味するから、区切られた部分であるという点で節と共通している。つまり、この「区切られた部分」というのが「よ」の本来の意味だったのではなかろうか。

ただし、気をつける必要があるのは「節」は空間を区切っているのに対して「夜」は時間を区切っているということである。すなわち、「よ」は根源において「区切られた部分」を意味し、何を区切るかという点で、時間と空間の両方の使用方法があるとみることができる。

そう考えると首肯できることも多い。たとえば、柳田国男は「ヨというのは人一代のことである」と述べたが、「世継ぎ」「世取り」の用例、あるいは天皇の一代をもって「世」とみなす例からも明らかなように、世とは人の一生を単位としての「区切られた部分」を意味する。[4] また、「世渡り」「世捨て」といった言葉のように、世を人の集まりと見て、そこで生きて行ったりそこから遠ざかったりすることに「世」という言葉が使われる。あるいは、『源氏物語』では「世」をしばしば男女の仲の意味で用いたりしてもいる。ここには、男女一対を「区切られた部分」と見る見方があると言えるだろう。この場合の区切りは、時間的というよりもむしろ空間的なものである。

このように、世の区切り方には時間と空間の二種類があるのだが、いずれにしろ、「世」とは、人間を単位として区切る概念であると言うことができる。したがって、「世の中」という言葉の原点の意味は、人間を単位として区切られた中、であると解せられる。

社会という言葉

次に「社会」という言葉について考えてみよう。この言葉の語源を調べてみると、それは、一八七五年に福地源一郎が英語の society を訳した翻訳語であることがわかる。[5] つまり、「社会」という言葉の歴史は二〇〇年にも満たないのだ。柳父章は、「社会」「個人」「近代」などの翻訳語について「日本人の日常生活の場の用語ではなく、学校とか、書物など活字の世界とか、家庭の中で言えば勉強部屋の中での用語である」と述べているが、これは、これらの言葉の歴史の浅さの結果であろう。[6]

さて、今度はこの英語の society という言葉の元について辞書で調べてみると、フランス語の société を経てラテン語の societás に行きつく。この言葉の意味は、交際、仲間、結合である。社会とは、もともと、このような人と人との関係性の概念であった。

最近、情報化にともなってソーシャル・ネットワーク・システム（SNS）という言葉をよく耳にするが、社会の本来の意味が、そういうものであったと理解すれば、うなずくことができる。また、社会科学の用語として、社会は国家と対置されるが、通常の他者との関係性が平等な主体間で相互的な形で成立するものであることを考えると、不平等性と一方向性という特徴を持つことが多い「国家」と対照性もおのずと見えてくるだろう。社会とは、平等な立場で人々が織りなす関係性を意味する言葉である。

世間とは何か

さて、では世間である。世間も「社会」と同様、外来語として後に（といっても比較的古い時期であるが）日本に入って来た言葉である。すでに『源氏物語』には「何となく翁びたるここちし、世間のこともおぼつかなしや」（何となく年寄りじみた気持ちがして、世間のことをよく知らないのだ）という記述があるから、少なくとも平安時代には、貴族社会で現在と似た意味で使われていたらしい[7]。

この言葉は、もともとは仏教用語である。世間という言葉は、おそらく仏教の伝来、定着とあい前後して日本に広まって行ったに違いない。佛教用語の辞典を調べると、世間とは、梵語のLokaに語源をもつ言葉であって、世間とは「移ろい壊れゆく迷いの世界」を意味すると書いてある[8]。

ここで注意しておきたいのは、対象を一定時間見続けることができて初めて、「移ろい壊れゆく迷いの世界」だとわかるということである。すなわち、「移ろい壊れゆく迷いの世界」という意味には、それをとらえる主体が前提されている。そして、世間は常にウチから見たソトというベクトルをもっている。

ところで、見る主体は様々だろうから、その見る主体によって、世間は変わってくることになる。では何が「世間」だと見なされたのか。この問題を歴史的に明らかにしようとしたのが井上忠司であった。井上は、名著『「世間体」の構造　社会心理史への試み』において、この言葉が民衆の日常生活の中に定着した時期を近世、とりわけ江戸時代としている。そして、今日の私たちの「世間」観の原型をそこに求めている(9)。

彼は、町人にとっての世間と農民にとっての世間、そして武士にとっての世間を区別する。都市では、「家（ウチ）から一歩でも外（ソト）へ出ると、もはやそこは『世間』」であった。町人は家業の信用を大事にしたので、「世間のものわらいになる」ことをことのほか恐れた。しかし、そうした「世間」は、家業とかかわりのある世界、つまり日常生活の世界でしかなかった。これに対して農村・漁村においては、「自分たちのともに住んでいる土地以外の土地、すなわち、ひろく『他郷』を総括して『世間』といっていた」のである。ただし、農村・漁村においても社会的交通が活発化し、他郷のことがわかってくるにつれ、自分たちのムラは相対化され、その結束は弛緩した。そしてやがてムラは、ムラを越えた「ひろい世間」にたいする「せまい世間」として自覚されるようになって行った。また武士は、各大名にぞくする家臣武家だったから、自分のイエと対立・拮抗関係にある「家中」が「せまい世間」だった。そして明治期にいたる近代国家の成立の過程で、そのような「せまい世間」は天皇を頂点とする「ひろい世間」によって包摂されて行った(10)。

井上は、「『世間』観の変遷は、つまるところ、ウチとソトの観念の変化の歴史であったということが出来る」と述べている。たしかに、近代化は、ソトの世界が拡大して行き、ウチの世界が縮小して行く過程であった。町人、農民、武士の世間は、実体としてはそれぞれ異なっていたとはいえ、同じように変わって行ったのである。

近代社会の世間

では、近代以降の社会において、日本人にとって世間は何を意味していたのか。

米山俊直は、日本人にとって「仲間」とは何かを分析して「私たちの社会関係のいちばん外枠を世間と呼び、家族のように血縁的関係で結ばれている部分を身内と呼ぶならば、仲間というのは、いわばその中間に位置している、私たちが所属する集団ということができよう」「身内と仲間は個人からみて限定的な集団であるのに対して、世間は、非限定的な、雑多な人々の集合と見ることができる。また仲間は個人を中心に見たとき、おのずからそのサイズは小さい。たいていは数十人、多くとも数百人のオーダーにとどまると思われるが、世間は主観的に見て広くても狭くても、そのサイズは比較にならないほどの多数の人々を前提にしなければならない」と述べる。[11] そして図5－1のような区分を提出している。

また中根千枝は、家族を別とした「日本人の社会学的認識」を問題にして、社会関係を三つのカテゴリーに分ける。[12] 第一カテゴリーは「自己にとって最も重要な意味をもつ仕事を通して形成される仲間」。第二カテゴリーは、第一カテゴリーを取り巻くもので「農村の場合ならば、自分の第一カテゴリーである部落と関係の深い隣接地域の村々を包む範囲」「大企業の場合ならば、その会社の全員といったような範囲と、同窓の関係、親類などがふくまれる。さらに、さまざまな『知り合い』とよばれる人々をふくむ」とされる。そして、第三カテゴリーは「他人（ヨソのヒト）」であり、「無限の広がりをもち、そのカテゴリー自体の外廓はない」と定義づけられ、三河地方の農村などではこれらの人々を「世間のヒト」とよんでいる、と述べている。

米山説と中根説は、二つの点で共通している。第一は、世間を血縁関係、ないしは家族の外にとらえている点であり、第二は、世間を非限定的、無限の広がりをもつ世界としている点である。

このうち第一の、家族や血縁関係者を世間と呼ばないという点は、家族機能の衰退が指摘される中で近年弱まってきているとはいえ、まだ通用することだと思う。しかし、第二の点はどうだろう。たとえば、父親が子供に向かって「お前の考えは世間では通用しない」と諭すとき、その世間の実体は、自分の「仲間」であったり、「知り合い」の人々であったりはしないだろうか。

また、「世間体を気にする」ときの世間は、何らかの「つきあい」のある世界を意味していないだろうか。

井上は、この問題に、土井健郎の「甘えの理論」を使って答えている。土井によれば、わが国の人々にとって、ウチとソトの生活空間は、三つの同心円からなっている。いまかりに、遠慮がはたらく人間関係を中間帯とすると、そのウチがわには、遠慮がないミウチの世界があり、そのソトがわには、遠慮を働かす必要のないタニンの世界が位置する。ミウチの世界では、甘えていて隔てがないので無遠慮であり、タニンの世界は、隔てはあっても、それ

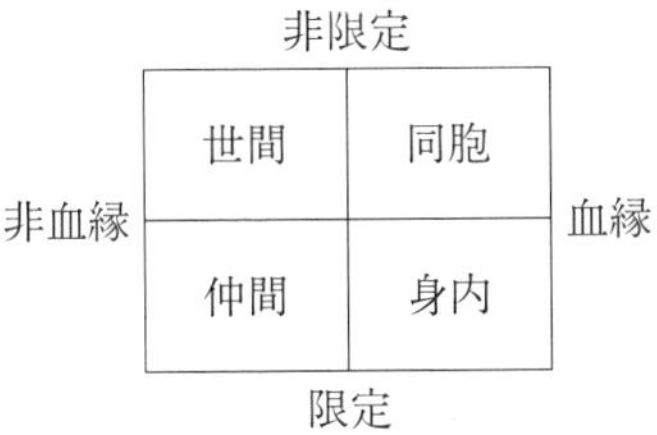

図５－１　仲間をめぐる社会の構図

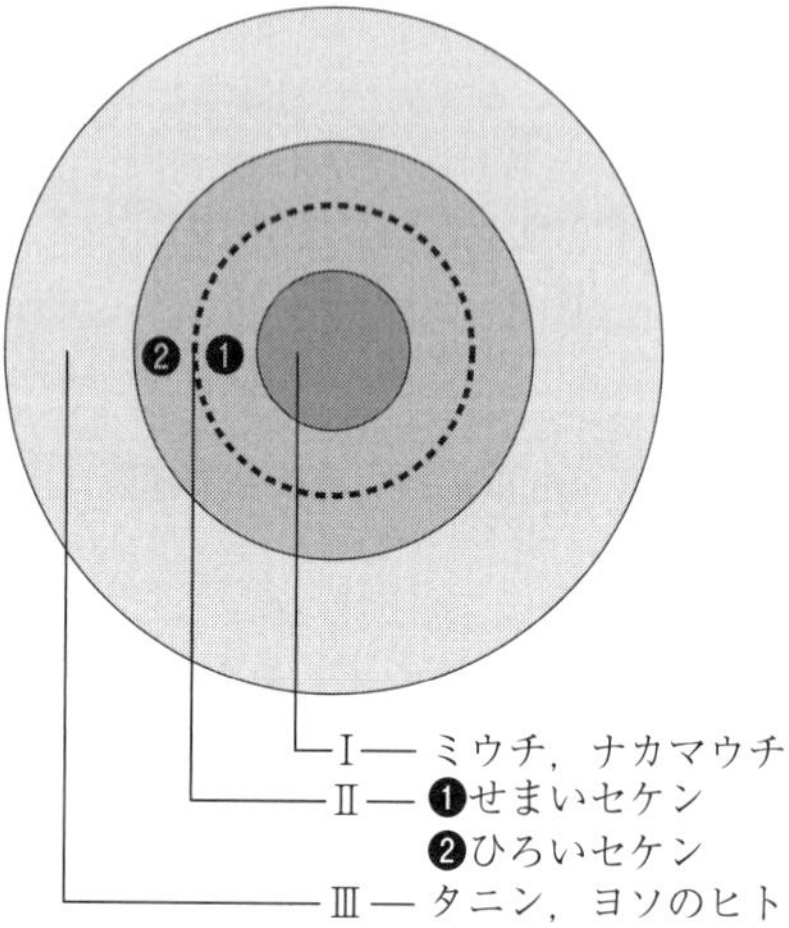

図５－２　準拠集団としての「世間」

を意識する必要がないので無遠慮だとされる。土井は、このようなミウチとタニンの中間帯を「義理」の世界とよんだのだが、井上によれば、それこそまさに「世間」である。すなわち世間とは、「個人にとってみれば、ミウチやナカマウチほど近しい存在はなく、タニンやヨソのヒトほど遠い存在はない。セケンはといえば、両者の中間帯にあって、私たちの行動のよりどころとなる『準拠集団』」である。彼は、さらにこうした「世間」を自分にとって近い「せまいセケン」と遠い「ひろいセケン」に分けるのだが、残念ながらこの区分は原理的には何ら説明されていない。

この井上の世間論は、世間を準拠集団としてとらえるという点で画期的なものだったと言える。これによって、世間を社会学的観点から問題とする一つの道が開かれたように思う。しかし、それはともかく、このように世間を「ミウチ」「ナカマウチ」と「タニン」「ヨソのヒト」との間の中間帯として位置づける見方は、もはや現実的な有効性を失ってしまっているのではないか。というのは、井上が「ひろいセケン」とよぶ世界が、町、都市、国家、外国と拡大し、いまや、その世界と区別される「タニン」「ヨソのヒト」の領域を侵食してしまっているからである。現代では「タニン」「ヨソのヒト」は、厳密には地球上どこにも存在しない。このことは、たとえばクレジット・カードの宣伝広告に「渡る世間に○○カード」という文句と地球が描かれる、という卑近な例からも示されている。この点井上も、「今日では、『セケン』と『タニン』ないしは『ヨソのヒト』とのあいだの境界線が、かなり曖昧となってきていることは、否定できない。逆に言えば『タニン』ないしは『ヨソのヒト』の世界がタニンのままにとどまらないで『セケン』となりうる機会が、大幅に増えているのである」と、認めていた(13)。

世間の構造

さて、以上の先行研究の検討をふまえて、現代における世間の構造を筆者なりにまとめる次のようになる。

世間は、個人を中心にして家族の外側に広がる世界を意味する。しかしそれは、非限定的、無限の世界ではなくて、何らかの主体とのかかわりをもつ点で、未知の世界とは区別される。また世間とは、遠慮や義理が生じ得る世界であると言うこともできる。

このような世間は、二つに分けて考えることが出来るだろう。一つは、米山が「仲間」とよび中根が「せま一カテゴリー」とよんだものや「第二カテゴリー」とよんだものの一部を含み、また井上が「せまいセケン」とよんだような、自分に比較的近い世界であって、ここではそれを「体感される世間」と名づけることにする(14)。これに対して、米山が「世間」とよび中根が「第二カテゴリー」とよんだもの、「第二カテゴリー」とよんだものの一部を含み、井上が「ひろい世間」とよんだような、自分に比較的遠い

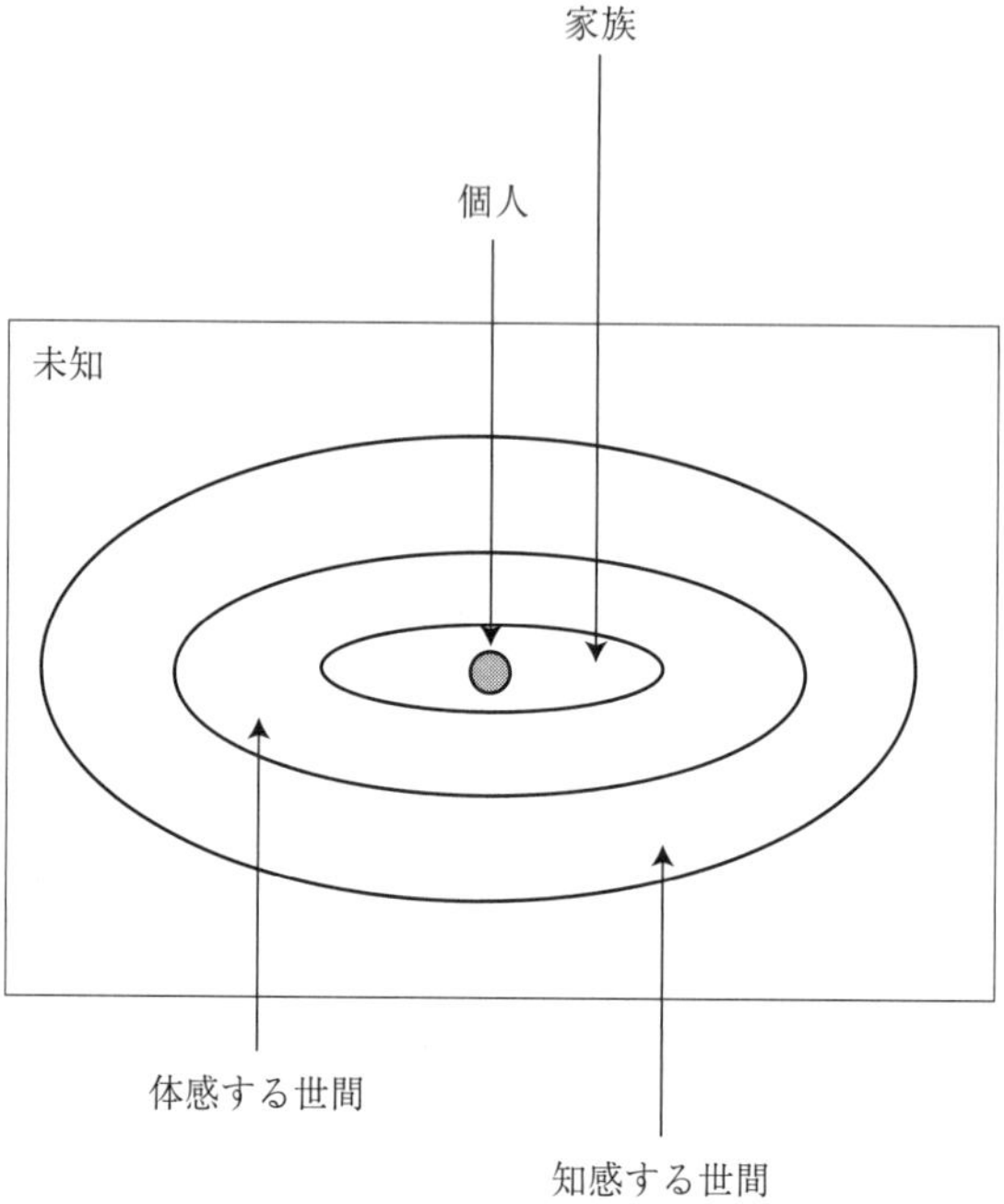

図５－３　世間の構造

世界であって、ここではそれを「知感される世間」と名づけることにする。

「自分に近い」とか「自分に遠い」というのは極めて曖昧な言い方であるが、これをもう少し客観的な言葉で言い換えるならば、両者を区別するのは、広い意味での情報量の違いだと言えるかもしれない。情報を他者に伝達可能になった知一般と解すれば、「体感される世間」を特徴づける社会関係は、直接的、多面的、永続的、情緒的なものであり、そこでは多くの情報にもとづく結合が生まれる。これに対して、「知感される世間」を特徴づける社会関係は、間接的、一面的、一時的、叙事的なものであり、そこでは少ない情報にもとづく結合しか生まれない。情報を多くもっているのが「体感される世間」の関係、少なくもっているのが「知感される世間」の関係というわけである。

ただし、これらは相対的な区別に過ぎず実際の峻別は非常に難しいだろう。しかし、日常われわれは「よく知っている世界」と「知ってはいる世界」として、多くの場合無意識的に両者を区別してはいまいか。「知感される世間」は、「体感される世間」を取り巻いて広がっている。こうした世界のイメージを図示すれば、図5－3のようにまとめられる。

世間の比較機能

世間は、人々の意識の中で明らかになる集団であるから、井上が論じたように準拠集団として考察することができる。世間は、準拠集団として見た場合、どのような機能を果たしているだろうか。準拠集団論では、準拠集団には比較機能と規範機能があることが分かっている。ここでは、世間の準拠集団としてのこの二つの機能に注目してみたい。

かなり昔の話で恐縮だが、かつて『朝日新聞』は「統計うらおもて」という特集記事で、「中流意識」を日本人の八～九割が抱いている、とした意識調査に疑問を投げ掛けたことがある[15]。それは次のような内容だった。

中流意識論に話題を提供したのは、経済企画庁が三年ごとに行っている「国民生活選好度調査」と、総理府が毎年続けている「国民生活に関する世論調査」である。この二つの調査結果は、同様な質問をしているとはいえ、厳密には質問と回答項目が食い違っている。経済企画庁の調査は、生活水準を「上の上」「上の下」など六段階にわけ「お宅の現在の生活はどれに属していると思いますか」という質問に答えてもらう。五九（一九八四）年度では、八一・八％が「中の上」または「中の下」の「中流」と回答した。一方、総理府の調査は、「お宅の生活程度は世間一般から見て、どの程度のところにあると思うか」と聞く。五九（一九八四）年度は八九・六％が「中流」と答えた。ただ、こちらは「上」「中」「下」の三段階のうち「中」だけをさらに上、中、下に分け、計五段階で聞いている点が、経済企画庁調査と異なる。

二つの調査を見る限り「一億総中流」そのものだが、「実感に会わないじゃないか」という声も出る。そこで朝日新聞社は、新聞読者調査の中で、次のような実験を行った。まず、対象者に「中流のイメージ」を尋ねる。その結果、一流有名企業のサラリーマンで、年収は七百六三万円。家の広さは一八三平方メートル（約五五坪）の土地付き一戸建て。趣味はゴルフでテニスや釣りも、というのが多くの人々の描く「中流」の条件とわかった。この質問をしたうえで「あなたは自分を中流と思うか」と質問してみると、中流と答えた人はほぼ四人に一人の二三・三％だけだった。

新聞記事は、この調査結果の相違について、「意識調査は質問の仕方でこんなにも結果に差が出るという例だ。しかし、どちらが正しく、どちらが間違っているとは言えない。一方で、人々は、身近な人たちとの比較で『中程度の生活』と判断し、また一方で、満たされないものが、いくらでもあることがわかっているからだ」と述べている。

記事の趣旨は、八一・八%、八九・六%と二三・三%という「中流意識」の違いから、統計の数字を過度に解釈することの危険性を訴えたものだが、私は、この統計数字の違いは、記事の趣旨とは別に有用な知見を示唆していると考える。私がここで注目したいのは、「身近な人たちとの比較で」「中流」という判断がなされているという部分である。

すなわち、経済企画庁、総理府の調査と、朝日新聞社の調査では、対象者が自らの生活水準を測るうえでの準拠集団が違うと考えられる。前二者の調査では、「身近な人たち」すなわち、「体感される世間」が準拠集団になっている。これに対して、後者の調査ではより広い世間、「知感される世間」が準拠集団になっているのである。

およそ、中程度という判断は、「上」と「下」が意識されてはじめて可能になるものである。しかし、自分の身の回り、極めて限られた範囲で「上」と「下」が探されるならば、「みんな同じ」、すなわち「中流」にならざるを得ない。日本人の八〜九割の人が中流意識を抱いているというこの調査結果は、日常的に同程度の生活水準の人々同士が交際しているという点を仮定すれば、至極当たり前のことになる。

しかし、ここで興味深いのは、自分の生活水準を判定するのに、準拠枠としてまず身近な集団が考えられたということである。そして、その枠を変更するためには、質問方法の工夫が必要であった。つまり、「体感される世間」は、準拠集団として第一次的な比較機能をもっており、「知感される世間」の比較機能は、なんらかの操作を介することで第二次的に働く、ということができるのである。

世間の規範機能

日本において、生活程度を中流と判断する人が多い理由のもう一つの理由として、他者と同等、すなわち「世間並み」を尊ぶという意識が働くからではないかと思う。これは、世間の規範機能の問題である。

このような世間に合わせようとする志向は、なにも個人に限ったことではない。毎年、春闘において他社がどの程度で妥結したかという「世間相場」が重視されるように、世間への同調圧力は個人、集団を問わず存在しているということができる。こうした世間の規範機能の特徴として次の二つの点を指摘できるだろう。

第一に、この世間の規範機能は、けっして完璧なものではないということである。この点に関して、「世間体」の問題にふれねばならない。世間体とは、世間とは正反対のベクトルであり、ソトからみたウチを意味するが、それはまた同時にソトから見たウチの評価をも意味している。そして「世間体」の特異な点は、その評価がいかなるものであろうとも、それはそれとして尊重されねばならない価値である、ということである。

「それはそれとして」という点が問題である。つまり、世間体は自足的正当性を伴いつつ、ウチ本来の価値とは別個に存在している。したがって時には、相反する価値が、端的に言ってしまえばホンネとタテマエが併存することになる。このような価値一貫性の欠如は、西欧的倫理観からすれば許しがたいものかもしれない。しかし、日本社会においては世間体を保つことが一般に正しいこととして承認されていて、むしろ、世間体を考えない行為の方が、「世間迷惑」なものとして非難の対象になったりもする。[16] すなわち、準拠集団としての世間の規範機能は、個人や集団の諸主体に貫徹しているものの、「世間体を保てば良い」という逃げ道を残しているのである。

第二に、比較機能と同様に、「体感される世間」の規範の方が「知感される世間」の規範よりも多くの場合優先する。なぜならば、「体感される世間」の方が、その規範を犯した場合なんらかのサンクションを被る恐れが強いからである。一般的に言えば、人々が恐れるのは、普遍的な観点からする行為の不当性というよりも、むしろ「世間の目」であり、「世間の口」であり、「世間に顔向けができない」ことである。このようなフェイス・トウ・フェイスの関係、すなわち「体感される世間」の規範は強い強制力をもっている。だから、たとえ各主体が、自らの「体感される世間」の規範をH・ベルクソンの有名な言葉、「閉じた道徳」、つまり特定の世界だけにしか通用しないものだとわかっていても、それに抗することができるとは限らないのである。

改革を阻む世間文化

さて、すでに筆者がここで何を言いたいのかお分かりいただいたかもしれない。世間文化をもつ日本では、「体感される世間」の閉鎖性が強固であればあるほど、そこからの逸脱は困難になる。それは準拠集団として強力な拘束力をもつのである。そして、この世間文化のなかには、世間体を保てばよい、というご都合主義の倫理が混じっている。だから、事件になったとしても「世間をお騒がせして申し訳ございません」と謝ることで済むのである。体質を改善しなくてもよいのだ。問題があったのは、その内部の体質そのものではなくて、あくまで「世間を騒がせたこと」なのだから。

朝日新聞に面白い替え歌が載っていた。アニメ「アタックNO.1」の主題歌で、役所を笑いのめす。「おかしくったって　ズレてたって　役所のなかでは平気なの　世間にバレると　頭さげるわ　『遺憾です　再発　防止するため　全力！』だけど、笑いが出ちゃう　タテマエなんだもん」[17]

こうした文化は今後も続くのだろうか。文化とは、基本的に言って、そう簡単に変化するものではなく、長い年月と世代を経て変化してゆくものである。しかし、世間文化は近年確実に変わっていっているのではないだろうか。それには二つの要因がある。

その第一の要因は、「知感する世間」が近年ますます元気になっていることである。情報化は、それまであった「体感する世間」と「知感する世間」のバランスを崩した。「知感される世間」の力は、マスメディアの発達によって飛躍的に増大したが、インターネットの普及は、さらにまたそれを一段と強化している。

第二の要因は、近代社会になってから人々の多集団所属が一般化していることである。近年、日本の政府もワーク・アンド・ライフバランスを推進していることに表れているように、「体感する世間」が固定することの弊害は少なくない。そこで今日では、とくに職場という「体感される世間」の力は相対化されつつある。それは会社人間と言う言葉がけっして誉め言葉ではないことからも明らかである。近年流行りのキャリアデザイン論においても、仕事、家庭、地域や趣味の世界をバランスよくもつことが推奨されている。このように人々が、多様な集団に所属し、それぞれの集団がもっている多様な価値観をもつことは、ますます自己の再帰性を高め、普遍的な価値に人々を導くことになるに違いない。

ただし、行政組織が、格別その他の「体感する世間」に比して、遅れているのは確かである。その原因は次のように考えられる。

同じ職場でも、企業には、市場という、いわば自らの生殺与奪権能をもつ外部を持っている。学校も、児童・生徒・学生の家庭は外部である。それを無視しては、学校本来の機能は支障を来す。これらの組織では、いわば、「知感する世界」との扉が常に開かれているのである。ところが、行政組織には、それほどの規制力をもつ外部が存在しない。自らが権力であるからである。しいて言えば、財政的な面で規制力をもつより大きい行政組織、すなわち市町村にとっては都道府県、都道府県にとっては国が、その立場にある。しかし、それらは自分たちと同じ行政組織、同じ穴のムジナなのだ。それゆえ、行政組織には、古い体質、自分勝手な内部論理が存続し続けている。

その典型的な例が、役所時間である。第二章で述べたように、行政組織には独特な時間感覚が支配している。そして、これは裁判所も同様であった。「時は金なり」という言葉があるが、同じ資本主義社会の中にあっても金を稼ぐことを目的としない行政組織や裁判所では、この言葉は通用しないのである。それは「知感する世間」の格言であって、かれらの「体感される世間」のものではない。だから非常識が常識化している。

行政文化

「知感される世間」の力が弱いと、なかなか自主的に問題を発見して改善しようという気運が高まらない。ＲＤ問題が露見した時、滋賀県は行政対応検証委員会を作ったが、これは、そうしなければ国からの産廃特措法の適用が得られなかったからであり、けっして自主的に行ったことではない。また、その後にも行政対応追加検証委員会を立ち上げて、行政対応についての報告書をまとめたが、その報告書は、その後不法投棄事件の再発防止策を間違いなく講じたのか、という点に重点が置かれ、この問題の解決が長引いている理由を明らかにするという観点は全く欠落していた。要するに、二つの委員会は、形だけを取り繕ったに過ぎないものだった。

こうしたＲＤ問題に対する滋賀県の対応から見えてくるのは、行政組織というのは、ただ勝手にやるに任せていただけでは自己反省能力を高められない組織である、ということである。今後考えていかねばならないことは、こうした生得的で致命的な欠点を補うために、この組織には、どういう工夫が必要かということだろう。

七つの特徴

さて、先に述べた世間文化の問題を踏まえたうえで、滋賀県行政から見えてくる行政文化の問題について、以下ではさらに、より詳しく論じることにしよう。

筆者は、前著『ドラマとしての住民運動―社会学者がみた栗東産廃処分場問題』のなかで、「行政の組織文化」として以下の七点を指摘しておいた(18)。

①保身、自らの責任を問われることをおそれる無責任体制、②インクリメンタリズム（小出し主義）、③住民との窓口を狭め、権威を守ろうとする態度、④場面、場面によって態度を変えるご都合主義、⑤秩序への強い志向性、⑥市より県、県よりも国が優先するという位階秩序、⑦安全と安心を同一視する錯誤。

ＲＤ問題の解決がこんなに時間を要しているのは、こうした行政文化が大きく起因しているとみるべきである。

すなわち滋賀県がこれまで問題解決に消極的だったのは、違法を見逃した責任を問われることへの恐怖が背景にあったとみるべきであり①、住民運動に背中を押される形で、対処療法に過ぎない改善策を小出しにしただけだった②。住民側が当初この問題を担当する部長と会うことすら困難を極めたのは事実である③。また、言うことには常にホンネとタテマエがあったし④、ときには強引に幕引きを図ろうとした⑤。滋賀県はよく「法の不備」を言い募って国へ責任を押し付けようとしてきたし⑥、地域住民からの安心を求める声を聞き流し、自分勝手な「安全」を言い続けた⑦。

残念ながら、嘉田県政になっても、こうした組織文化は基本的に受け継がれている。

たとえば、自ら主体的に行政対応を検証しようとする意欲がないことは、まさに①の特徴である。節目があったにもかかわらず、自力で大胆な方針転換ができなかったことには②と⑥、知事と住民との意見交換会が形式的な儀式に過ぎなかったことには、③と④の特徴が指摘できる。元従業員から得た重要情報を公開しないままで住民側に対策工法への同意を迫ったことには、⑤の強い秩序志向性が感じられる。そして、「安全」を根拠に自らの推奨する対策工法押し通そうとしたことには、⑦の指摘をあてはめることができる。

また論文批判事件には、これらのうち①、③、④、⑥の特徴が集約的に表れている。すなわち、担当者は、筆者に直接出会うことを避けることで、自らの保身をはかり①、権威を保ったままで自らの意思を貫徹させようとしたのであり③、その主張の文言は、本人宛て、学部長宛て、一般公衆向けに、見事に使い分けられていた④。そして、滋賀県は、大学組織が、自分たちと同じような位階秩序に基づいているとの思い込みのもとに抗議をなしたのである⑥。

身に付いた行政文化は、知事が変わったとしても容易に変わらない。RD問題は、このことを証明していると言ってよいだろう。

位階秩序の普遍幻想

⑥の点にかかわって、少しつけ加えるならば、誰でも職場の上位者に言いつければ、ダメージを与えられるだろうと考えるのは、行政側の勝手な思い込み、いわば位階制秩序の普遍幻想に他ならない。

大学人なら承知のことだが、大学という組織はかなりフラットにできている。先述したように、滋賀大学では、学部と全学センターは、学内組織としては対等であり一定の自治が認められている。また、国立大学法人となったことによって、変化が全くないとはいえないが、学部長にしろ、学長にしろ、大学教職員の選挙で選ばれる仕組みは今でも変わっていない。これは滋賀大学だけが特別なのではなくて、一般的な大学の仕組みである。このことを承知していれば、大学の役職者、しかも違う機関の役職者に抗議するのが全く的外れなことだということが分かったはずである。

こうしたことは、何も大学に限ったことではないのではなかろうか。非官僚制的な組織、たとえば商店街組合や地域自治会といった組織にも当てはまることだと考えられる。言い換えれば、今回の滋賀県のやり方は、商店や住民に対する苦情を商店街組合長や自治会長に持ち込んだようなものだったのである。

地元商店や地域住民と日常的につきあいのある基礎自治体の職員ならば、このような愚行をなすことはなかったかもしれない。ところが市町村と違って「県」という行政体は、そういう現場経験が希薄である。つきあいの多くは自分たちと同じ官僚制的組織である。この事件は、そのことが如実に露呈した一件とみなすこともできる。

学問への無理解

また、元大学教授の嘉田さんが知事になったのにもかかわらず、滋賀県の学問世界に対する無知は正されなかったようだ。筆者の論文への批判を読むと、どうも滋賀県には、物事をすべて政治的に解釈する傾向があるようである。これは、学問というものを基本的なところで全く理解していない証左というほかはない。

自然科学にしろ、社会科学にしろ、研究者は、事実と解釈を峻別することに細心の注意を払う。事実の確定は第一の問題であり、その評価は第二の問題である。研究者同士の議論は事実を共有したうえで行われる。ところが、滋賀県のいう「事実」なるものは、客観的なものではないようだ。だから、わけのわからない「事実誤認」という主張になる。また、どういう意図をもっていたのかという主意主義的解釈の話と、どういう結果をもたらしたのかという機能主義的解釈の話も、全く区別できてはいないようだ。だから、こちら側が機能として語っていることを意図したものだと言われたように思い込んで、自分勝手に批判している。端的に言ってしまえば、知的な分析力がないので、地裁判決で述べているように「印象」だけで反論するという行為をしてしまう。

これが個人のしたことならば、たまたま、そういう人がいても仕方がないと思う。しかし、論文に対する意見書は、組織として承認されたものである。問題となった滋最特対第八七号という公文書の決裁文書には、なんと一三人の県職員のハンコが押されていた。これは、個人の問題ではなくて、組織的な問題と考えるほかはない。

最近は、社会政策系の大学や大学院に公務員が派遣され、研修を積む機会が増えている。滋賀県は、こうした職員研修の機会をこれまで以上に拡充すべきである。

法学部の論理とガバメント

ただし、研修が佐和隆光のいう「法学部の論理」を強化するものであったとしたら、元も子もないだろう。佐和は、日本社会において欧米では法曹界に進むのが当たり前の法学士が、むしろ行政組織に多い弊害を説いている[19]。彼によれば、行政の本来のあり方は、「まず前提条件を明らかにした上で、達成するべき目標を明らかにし、例えばコスト・エフェクティブ（最小の費用で所与の目的を達成する）などの政策評価の公準を明らかにし、実現可能性などを加味した上で、適切な政策、すなわち結論を論理的に導く」という手順を踏むものだと言う。ところが、「法学部の論理」はそうではない。「弁護士がまさにそうであるように、与えられた結論を正当化するのが法学士の特技である」からだ。

元従業員等から得られた情報を公開することを拒んだり、住民の誰もが望んでいない対策工法を説得しようとする滋賀県の姿勢から見えてくるものは、まさに先に結論ありきの「法学部の論理」ではなかろうか。佐和は、「法学部の論理」には、妥協と合意形成の余地が見出し難いと述べるが、まさに、滋賀県と住民側とのこう着状態が続いたことは、それを物語っている。

この「法学部の論理」は、行政職員だけによる意思決定と運営、つまりガバメント（統治）の思想にほかならないだろう。筆者は、前著において、こうした思考がRD問題の解決を長引かせているとして、「ガバメントからガバナンス（共治）へ」という発想の転換を主張した。しかし、残念ながら、この声は滋賀県には届かなかったようである。

古い体質と望まれるバルネラビリティ

滋賀県の態度は、住民との間に見えない壁を作りつつ、自らの優位を保ってあらかじめ決めておいた結論に相手を誘導しようというものであった。こうしたやり方において何よりも大切なのは、情報の秘匿である。かつて政治学者の神島二郎は、こうしたやり方を「マジックミラー方式」と呼んだ[20]。すなわち、喫茶店やホテルのロビーなどで経験するような、自分たちは建物の内側にいて道路を眺めるような状況、内側から外側は見えるが外側からは内側が見えない、という状況を維持しようとするのである。

神島は、この「マジックミラー方式」と国や自治体などの公の組織・機構を神聖なものと考える「『機構』聖化方式」、機構のなかで出世の階段を上るたびに、地位に応じた変身＝転向を繰り返す「出世民主化方式」の三つを、日本の近代化においてみられた政治文化として指摘していた。驚くべきことに、滋賀県の場合、明治期以来のこうした文化が、完全に払しょくされたとは言えない状況がある。というのは、住民との窓口を狭め、権威を守ろうとする態度は、「『機構』聖化方式」の名残だとも言えるし、場面、場面によって態度を変えるご都合主義は、「出世民主化方式」から派生した特徴とも考えられるからである。

現代の行政組織に必要なことは、こうした時代遅れの態度を改め、胸襟を開くことである。このことは、自らのバルネラビリティの自覚と言い換えることもできる。

バルネラビリティ（ぜい弱性）という言葉は、かつて金子郁容が『ボランティア―もうひとつの情報社会』（岩波新書、一九九二年）のなかで、提起したものである。彼は次のように述べた。

「『ボランティアとしてのかかわり方』を選択するということは、自発性パラドックスの渦中に自分自身を投げ込むこと、つまり、自分自身をひ弱い立場に立たせることを意味する、この『ひ弱い』、『他からの攻撃を受けやすい』ないし『傷つきやすい』状態というのをぴったりと表す『バルネラブル（vulnerable、名詞形はvulnerablity）』という英語の単語がある。この言葉を使うなら、ボランティアは、ボランティアとして相手や事態にかかわることで自らをバルネラブルにする、ということになる。ではどうして、あえて自分をバルネラブルにするのか。それは、問題を自分から切り離さないことで『窓』が開かれ、頻に風が感じられ、第一章でお話ししたような意外な展開や、不思議な魅力のある関係性がプレゼントされることを、ボランティアは経験的に知っているからだ[21]」

筆者は、これからの新しい行政に必要なのは、自らの「体感する世間」の閉鎖性を打破すること、言い換えれば、ボランティアのように、自らをバルネラブルにする勇気だと思う。残念ながら、ＲＤ問題をめぐる滋賀県の対応には、そのバルネラビリティが欠如していた。

都道府県の構造的限界

この点に関連してよく耳にするのは、都道府県組織の宿命的な中途半端さである。市町村のような基礎自治体は、先にも触れたように、仕事のなかで直接的に地域社会と地域住民に接する機会が多い。一般企業ほどではないか、それでも行政組織とは違う外部、市民社会への扉は開かれている。また国家は、他国という外部を持っている。外交交渉では、何が国際的に通用しないのか否応なく突き付けられる。自己組織の再帰性は、好むと好まざると高まらざるを得ない。これらの行政組織と比較すると、都道府県は全く閉塞しているのだ。だから非常識が常識化する。

現在の地方自治制度を維持する限り、この問題を解決するための特効薬はないように思われる。解決策としては、考えられるあらゆる手段を使って、「知感される世間」の風を行政組織に送り込むしかないだろう。住民参画制度の拡充、職員研修の実質化、パブリックコメント制度の有効活用、諮問機関の改革、御用学者の排除、広聴制度の拡充、その他組織改革と人事システムの見直し等など、すべきことは山ほどある。そして他のどこよりも、この改革は都道府県組織に求められている。

忘れてならないのは、どんな行政組織も主権者である住民の幸福のためにあるということである。自らが提供するサービスについて、享受者からの批判を糧にする度量がないようでは、その組織はやがて破滅するに違いない。社会主義体制が崩壊したのも、筆者に言わせれば、それができなかったからである。不都合な情報も開示する。懐（財政）がさみしければ正直に言う。そして、住民とともに目の前にある問題とそれを解決するための手段を再確認したうえで、困難な状況にいっしょに立ち向かおう、と呼びかける。そういう真摯な態度がなければ、主権者である住民からの信頼は、いつまでたっても得られない。

かつてR・K・マートンは、T・ヴェブレンの言葉を使って、官僚制は「訓練された無能力」を育むと述べた[22]。筆者は、新しい時代に向かって「訓練された無能力」から自らを解き放つ勇気を、これからの公務員、とくに滋賀県職員には持ってほしいと切に望んでいる。

注

（1）本章は、拙稿「世間意識論―「世間」意識から見た現代日本」滋賀大学教育学部紀要第四五号、一九九五年、四七―五八頁で論じたことと部分的に重なっている。
（2）『竹取物語』岩波文庫、一九七〇年、九頁。
（3）丸山林平『上代語辞典』明治書院、一九六七年。
（4）柳田国男『定本　柳田国男集　第六巻』筑摩書房、一九六八年、一八六頁。
（5）『日本国語大辞典』小学館、一九七四年。
（6）柳父章『翻訳語成立事情』岩波新書、一九八二年、i頁。
（7）『源氏物語　第五巻』角川文庫、三七頁。『万葉集』には「世間」という言葉はいくつか出て来るが、「よのなか」というフリガナを付けている。ここから奈良時代には「世間」という書き言葉はあったものの「セケン」という言葉は定着していなかったと考えられる。
（8）『佛教大事典』小学館、一九八八年。
（9）井上忠司『「世間体」の構造―社会心理史への試み』NHKブックス、一九七七年、三四―三五頁。本書は講談社学術文庫（二〇〇七年）として再版されている。
（10）井上、前掲書、三四―六八頁。
（11）米山俊直『日本人の仲間意識』講談社現代新書、一九七六年、三七―三八頁。米山は、一九七一年の論文では集団の限定性、非限定性を、集団の大きさとして考えていた。「日本的社会環境における〈基本的概念群〉」『季刊人類学』二巻三号、一九七一年。
（12）中根千枝『適応の条件―日本的連続の思考』講談社現代新書、一九七二年、一一〇―五頁。
（13）井上、前掲書、一〇二頁。
（14）「体感」という言葉は越智昇によった。彼は農民生活を考察して「『世間』とは彼らにとって、『体感』

を共同すると信じられる場であり、人々であったのだ。だから『世間』という表象には肌のぬくもりがある」と述べている。越智昇『社会形成と人間―社会学的考察』青娥書房、一九九〇年、一二二頁。

(15)『朝日新聞』一九八五年七月一日。もちろん、調査結果の比較には、対象者の属性の差や調査時期の違いなど、様々なバイアスを考えなければならず、単純な評価は下せない。しかし、八一・八％、八九・六％と二三・三％という違いには、それらを差し引いても経験的な説得性があるように思われる。

(16)作田啓一は、日本のような「家族的構成」の社会では、「価値はその本来の性格である状況超越的な一貫性を保持しにくい」と述べているが、同じことを指摘したものと言えよう。作田啓一『価値の社会学』岩波書店、一九七二年、二五三頁。

(17)坪井ゆずる「窓　編集委員室から『ジ、ジ、ジジジのジ』」朝日新聞夕刊、二〇一二年三月二四日付。

(18)早川洋行『ドラマとしての住民運動―社会学者がみた栗東産廃処分場問題』社会評論社、二〇〇七年、一五三―一六三頁。

(19)佐和隆光『漂流する資本主義―危機の政治経済学』ダイヤモンド社、一九九九年、一四五頁。

(20)神島二郎『政治の世界―政治学者の模索』朝日選書、一九七七年、二六三―二六五頁。同『政治をみる眼』ＮＨＫブックス、一九七九年、一八一―一八五頁。

(21)金子郁容『ボランティア―もうひとつの情報社会』岩波新書、一九九二年、一一二頁。

(22)Ｒ・Ｋ・マートン(森東吾・森好夫・金沢実・中島竜太郎訳)『社会理論と社会構造』みすず書房、一九六一年、一八一頁。

第六章　環境ガバナンス

この章では、環境ガバナンスの観点からこれまでの環境社会学の理論を振り返り、現代社会において環境ガバナンスを考えるうえでのポイントを整理したうえで、この事例における滋賀県の対応について考えてみたい。ただし、嘉田知事が主唱者の一人であり、環境社会学の主要理論の一つである生活環境主義にいては、ここでは取り上げず、次章で詳論する。

飯島伸子の被害構造論

まず飯島伸子の被害構造論について考えてみよう[1]。飯島の研究は、水俣病研究から生まれたものだと言われている。

飯島は、「公害・環境問題の被害の社会構造の構成要素」を「被害の広がりの範域」と「被害の深刻さの程度」という相互に関連する二方向の被害内容として把握する。そして、被害の広がりの範域として、①個別生活破壊、②生活環境破壊、③地域環境破壊、④国レベル環境破壊、⑤国家間環境破壊、⑥地球環境破壊の六段階、被害の深刻さの程度として、ⓐ生命被害、ⓑ健康被害、ⓒ生活水準上の被害、

図６－１　被害の社会構造——構成要素の関連図

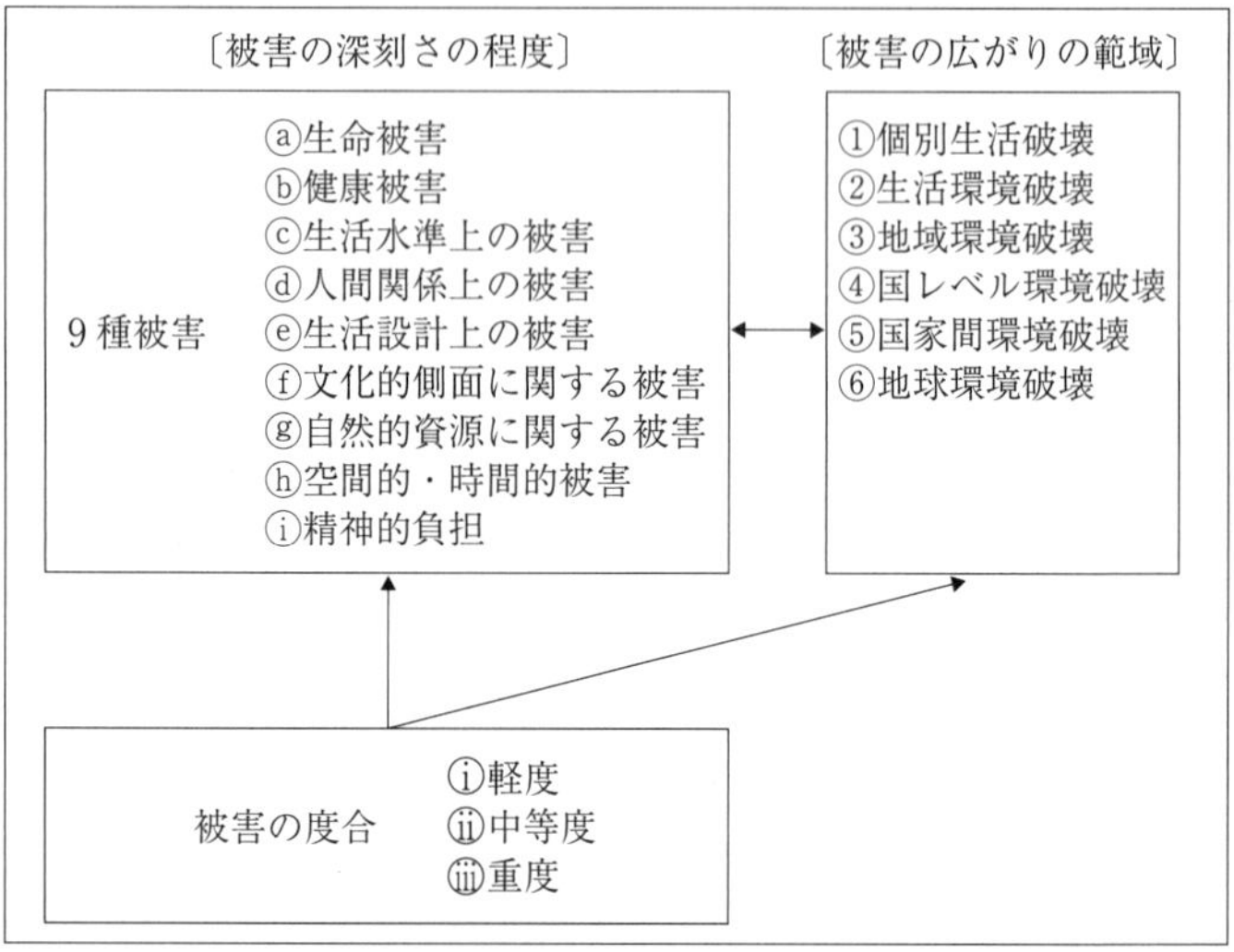

出典：飯島伸子「環境問題と被害のメカニズム」飯島伸子編『環境社会学』有斐閣，1993年，p.85.

ⓓ人間関係上の被害、ⓔ生活設計上の被害、ⓕ文化的側面に関する被害ⓖ自然的資源に関する被害、ⓗ空間的・時間的被害、ⓘ精神的負担の九種類を指摘する。

また「環境問題がどの段階の被害範域で発生しても、被害を実際に受けるのは、ある地域に生活している個人や家庭、つまり近隣社会や地域社会の個人や家族である」として、ミクロなレベルにも止目して「生活設計の変更」「生活水準の低下」「人間関係の悪化」が発生するメカニズム、すなわち「被害構造図式」を提示している。

被害構造論の意義は、医学や工学などの分野で数値化される被害ばかりではなく、社会的な被害が深刻であることを指摘したことである。これは自然科学発想に片寄った公害、環境問題のとらえ方を批判し、社会学と社会

図６－２

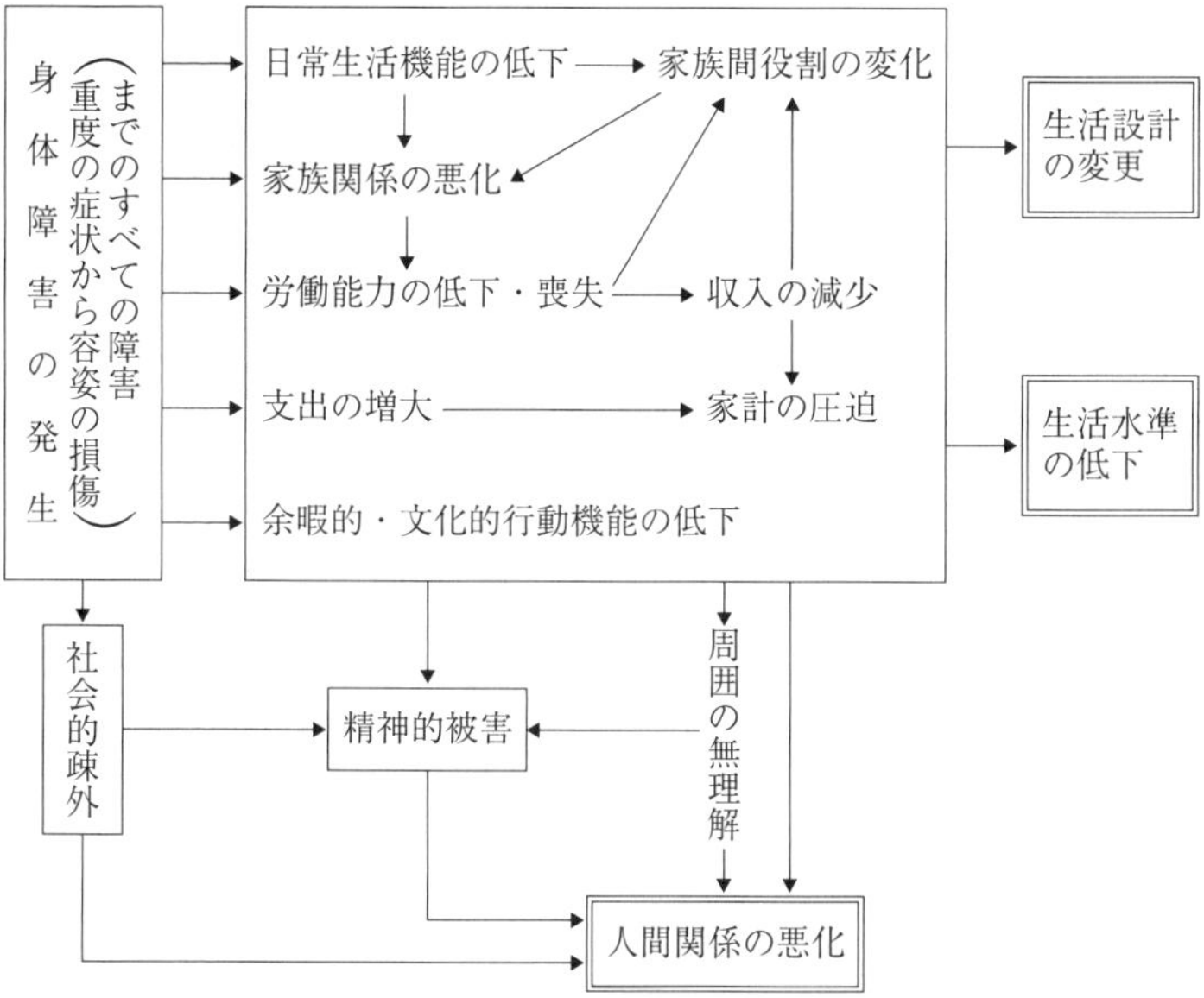

出典：飯島伸子「環境問題と被害のメカニズム」飯島伸子編『環境社会学』有斐閣, 1993年, p.92.

学者が果たしうる貢献を示したという意味で、たしかに優れた理論であった。

ただし社会学理論として評価した場合、同様の構造論に共通してみられる限界があった。この理論は、被害者を終始ネガティブなイメージでとらえるので、たとえば、住民や市民による運動の発生とその性格が、被害の広がりの範域や被害の深刻さの程度とどのように関連するのかといった、主体的で積極的な被害者の姿をとらえきれないという問題を有していた。すなわち、被害構造論は、スタテッィクな認識への傾斜しがちであるという理論的問題を抱えていたのである。

しかし、飯島の被害構造論を環境ガバナンス論の視点から再考すると、また違った側面が見えてくる。彼女の以下の記述は、大変興味深い。

米国の環境社会学者は、旧来の西欧に支配的であった人間特例主義を批判し、自然界における一つの種としての人間という視点にもとづく新エコロジカル・パラダイムの学としての環境社会学を主張した。だが、そこには、人間世界における特定人種や特定国、特定階層の優越性に原因して、少数民族や少数人種、開発途上国、社会階層の下層部を構成する人々に、開発や都市化、工業化などの影響が集中しがちである問題構造に関する視点は乏しい。動物と人間を同等とする反人間特例主義思想だけでは、人間社会内の環境問題をめぐる差別的現象に接近する発想は生まれないのである。(2)

飯島は、環境問題が人間社会内の問題から生起するものであるという認識をもっていた。だからアメリカ流の環境社会学を批判したのであり、この点で日本の環境社会学に優位性を感じていた。彼女にとって、環境問題は観念的なものではなく、きわめて現実的で切実なものであった。現実に対する怒りが、彼女の研究の大きな動因だった。それゆえ、次のようにも言うのである。

変化を感じたのは八〇年代の後半である。七〇年代末に米国で環境社会学が提唱され、七〇年代を境に環境庁が公害問題から環境問題への時代の移行を指摘し、実際、激しい対立をともなう事件は減少し、自然環境や歴史的・文化的環境保護まで関心が拡大した。これらすべてが何らかの影響力をもったのであろう。しかし、八〇年代後半に環境問題に関心を寄せ始めた研究者の多くは四〇歳代以下の世代である。この事実から筆者は、変化の最大の要因は、世界的な環境問題への関心の高まりに触発された若手の研究者たちが贖罪（しょくざい）の必要を心の深いところで感じたことにあるとみている。環境社会学会の会則の目的に『問題解決への貢献』という思い切った表現が採択されたことは、このことなくしては説明できまい。この熱意と行動力を伴ったままで壮年の熟達さをも備えた学会となることは、環境問題の解決に真に貢献するための不可欠の条件であろう[3]。

当然、ここでいう「世界的な環境問題への関心の高まりに触発された若手の研究者」のなかには飯島伸子本人も含まれよう。そうだとするならば、彼女の研究の奥底には、贖罪の意識があったと見なければならない。上述した二つの文章は、飯島が五〇代後半に書いたものである。次にあげる三〇代前半の文章からは、その思いが、いかに激しいものであったのかを、はっきりと読み取ることができる。

企業エゴイズムが黙認されて、公害が野放しにされている状況下にあっては、地域住民が生き延びるためには、地域エゴイズムに徹する以外にもはや残された道はないのだ。あらゆる地域の住民がその地から公害の元凶を追放したあかつきに、はじめて、わが国にも、公害を発生させない企業が出現するであろう。この点に関し、加藤秀俊氏が地域エゴイズムを批判し、「これまでの公害論議の最大の弱点は、それをあくまでも地域社会の問題としてとらえつづけてきたことであ」り、「ひとつの地域がひとつの工場を追放したいという程度のことでは公害問題の解決にならない」から、「地球管理意識をもとう」（別冊『経済評論』Summer' 七〇　四四―四六頁）といっているが、これでは加害者の言行と一致してしまうではないか。氏の公害問題把握がマトはずれなものであることは、公害を定義して「わたしのみるところでは、この〝公害〟というのは、市民生活にとって犯人をはっきりとおさえることのできないような迷惑のことである」（前記四四頁）といっていることでも明らかだ。――（中略）――このように問題が火急であるからこそわが国にあっても危険をもっとも身近に持つ地域住民が、たとえ地域エゴイズムといわれようとも、住民運動によって公害の根源を一つ一つ絶やしていくことが必要なのである。住民運動なくして、企業の社会的責任のみ頼るならば、『座して死を待つ』ことになるであろう。(4)

飯島のこうした思いを知る立場からすれば、被害構造論が誰に向けられたものなのかということは明らかである。それは何より彼女が公害を発生させ環境を破壊した加害者側に突き付けた告発なのではなかったか。彼女は、被害に苦しむ立場の人々を代弁して、その苦しみを引き起こした企業やそれを防げず、社会的な救済をためらう行政に対してプロテストしたものとみることができる。すなわち、被害構造論は、環境ガバナンスにかかわって権力をもつ人々に突き付けた問題提起であったと考えられる。

舩橋晴俊の受益圏・受苦圏論、社会的ジレンマ論、経営システム・支配システム論

次に舩橋晴俊の一連の研究について述べよう。

舩橋の理論の出発点は、梶田孝道との共有の成果である受益圏・受苦圏論である。この理論は、新幹線公害の研究のなかから生まれた。舩橋は、「ある社会資本の建設に伴う受益者の集合」を受益圏、受苦者の集合を受苦圏としてとらえ、新幹線の建設においては二つの圏が重なり合わないところに問題を発見した(5)。また梶田は、大規模開発の進行に伴って「受益圏の広域化と受苦圏の局地化」という特徴がしばしば認められるという点を指摘し、同時に、受益圏と受苦圏との「重なり」ないし「分離」が、問題解決という点で決定的な意味をもちうるという点を主張したのであった(6)。

舩橋は、後に、このアイディアとハーディンの「共有地の悲劇」の発想を組み合わせて、受益と受苦がジレンマとして現出するものとしてとらえ返して、社会的ジレンマ論を完成させた。彼によれば社会的ジレンマは、(1)共有地型、(2)商業捕鯨型、(3)地盤沈下型、(4)産業公害型、(5)交通渋滞型・観光地散乱ゴミ型、(6)自動車排気ガス公害型・清掃工場建設問題型、(7)高速道路公害型・放射性廃棄物問題型に分類される(7)。

受益と受苦による三分類、または社会的ジレンマの七分類という指標は、現実をとらえるうえで一定の有効性をもっているものの、限界があるものだった。

受益圏・受苦圏論の問題は、この理論では受益にしろ、受苦にしろ、いわば自明なこととされ、観察者が容易に判断できることのように取り扱われていることである。ある事象をプラスの価値としてみる

図６－３　社会的ジレンマの７類型

	自己回帰型（自損型）	格差自損型	加害型
原型（生産者＝消費者）	(1)共有地型		
市場メカニズムによって加速された環境負荷の増大（生産者）	(2)商業捕鯨型	(3)地盤沈下型	(4)産業公害型
環境高負荷を随伴する「構造化された選択肢」への「通常の主体」の巻き込み（生産者＋消費者）	(3)交通渋滞型 観光地散乱ゴミ型	(6)自動車排気ガス公害型 清掃工場建設問題型	(7)高速道路公害型 放射性廃棄物問題型

（　）は関与する主体を示す

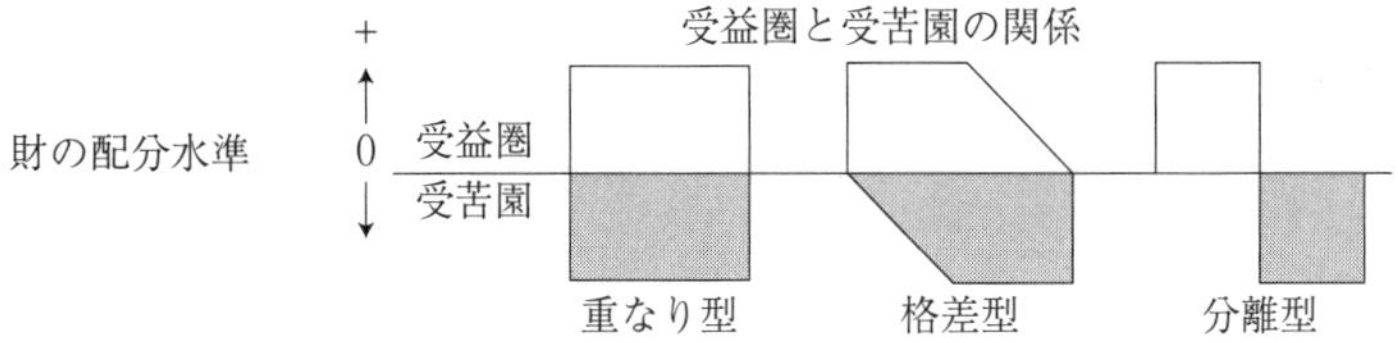

出典：船橋晴俊・宮内泰介『新訂 環境社会学』放送大学教育振興会，2003年，p.210.

かマイナスの価値としてみるかというのは、人によってそれぞれ異なる。たとえば、新幹線が走る音は、多くの人には騒音かもしれないが、鉄道マニアには快感をもたらすかもしれないのである。実際、福井県にある大飯原発の再稼働問題では、滋賀県や京都府の人の中には、電力消費者としての受益の立場から賛成する者ばかりでなく、事故が起きた場合に受苦者になるとして反対する者がいた。

　この問題は、社会的ジレンマ論の問題ともかかわっている。社会的ジレンマ論では、交通渋滞型と自動車排気ガス公害型と高速道路公害型を違う類型として考えている。しかし、現実にはこれらは同じ道路と自動車の問題であり、一体化して現出することも多い。実際に、渋滞して排気ガスを発散させる高速道路はあるのである。

事象をどのように意味づけるのかは、人によって異なる。目の前の事象がどの類型に当てはまるのか、誰がどのようにして決めるのだろうか。人によって事象の持つ意味が異なるとしたら、当然、その事象の評価も違ってくるだろう。端的に言えば、受益圏・受苦圏論も社会的ジレンマ論も、対象者の主観性の問題をうまく組み込めていないということである。

この点で、梶田が空港建設や火力・原子力発電所建設に伴う問題を例に出して、テクノクラートと生活者ではそれが別々の問題として把握されていることを指摘し、テクノクラートにとっては「経営問題」であり、生活者にとっては「(被)支配問題」であると述べていたことは注目に値する。[8]

舩橋は、後にこの視点を経営システム・支配システム論として発展させた。彼は、「一つの社会現象は、経営システムと支配システムという二つの文脈において、それぞれ独自の意味や問題の拡がりをもっているのであり、このどちらの契機に注目するかによって、同一の事象がまったく異なる姿をもって立ち現れる。と同時に、両システムは相互に無関係なものではなく、相互に他方の具体的あり方によって深く規定され、かつ規定しあっている」と述べる。[9]そして、両システムの特徴を表6－1のようにまとめている。[10]

さて、こうした舩橋の理論を環境ガバナンスの観点から評価してみたい。彼の貢献は、ひとつの事象がもつ両義性を指摘したことだろう。開発行為は、たいてい人々の幸福の増進を大義名分として推進さ

表6－1　経営システムと支配システムの特徴対比

<table>
<tr><th>特徴として
注目する点</th><th>経営システム</th><th colspan="2">支配システム</th></tr>
<tr><td>主体を表す基礎概念は何か</td><td>統率者⟷被統率者</td><td colspan="2">支配者⟷被支配者</td></tr>
<tr><td>それぞれのシステムを認識する際の主要テーマ</td><td>どのようなやり方で経営課題群の継続的充足が行われているか（手段，技術，経営方針，など）。</td><td colspan="2">どのようなやり方で集合的意志決定がなされているか（両階層の決定権・発言権，交渉や闘争，力関係等）。
どのような正負の財の分配構造があるか（受益圏と受苦圏の構成のされ方）。</td></tr>
<tr><td rowspan="2">当事者にとって，どのような形で解決すべき問題が立ち現れるか</td><td rowspan="2">経営問題，被圧迫問題の解決。とりわけ，経営困難や経営危機の打開。</td><td>支配者にとって</td><td>支配問題</td></tr>
<tr><td>被支配者にとって</td><td>被格差問題，被排除問題
被支配問題</td></tr>
<tr><td rowspan="2">当事者にとって実践的関心の焦点となることは何か</td><td rowspan="2">経営能力の向上と，それを通じてのより豊富な財の享受。</td><td>支配者にとって</td><td>政治システムの秩序の維持。
自分から見て「適正な」分配原則の維持</td></tr>
<tr><td>被支配者にとって</td><td>政治システムにおける決定権の拡大。
財分配格差の撤廃，負の財の押し付けの除去。</td></tr>
<tr><td rowspan="2">当事者は，それぞれの抱く理念をどのような代表的な言葉によって表現するか</td><td rowspan="2">効率性，成長，発展，拡大，健全経営</td><td>支配者側</td><td>法と秩序，経営責任，等</td></tr>
<tr><td>被支配者側</td><td>自由，平等，公正，民主化，差別の撤廃，抑圧からの解放，等</td></tr>
<tr><td>当事者にとって，希少性(scarcity)がどのようなかたちで問題化するのか</td><td>経営課題群の達成のための手段的資源の有限性や不足。</td><td colspan="2">欲求充足機会（消費的＝目的的な財）の希少性
支配者の地位（特権的受益と特権的決定権を有する地位）の希少性</td></tr>
<tr><td>当事者にとって相剋性がどのようなかたちで立ち現れるか</td><td>複数の経営課題間の択一的競合（トレードオフ）に由来するサブシステム間の最適化努力の相剋。</td><td colspan="2">決定権の分配と財の分配をめぐる階層間の（閉鎖的受益圏の内外での）利害対立。</td></tr>
<tr><td>当事者が他の主体を批判する際の主要な批判基準はどういうものか</td><td>より最適な経営方法は何か。
より目的合理的な手段は何か。</td><td colspan="2">より適正な財の分配のあり方とは何か。
より公正な決定権や発言権のあり方とは何か。</td></tr>
<tr><td>非日常性もしくは流動化をどのような言葉で表すか</td><td>動態化</td><td colspan="2">情況化</td></tr>
</table>

出典：舩橋晴俊『組織の存立構造論と両義性論　社会学理論の重層的探求』東信堂，2010年，p. 104.

れる。しかし、その開発行為は本当に幸福をもたらすのか。もし、もたらすとしたら誰にとっての幸福なのか、受益圏・受苦圏論と社会的ジレンマ論は、こうした問題に有効な視点を提供してくれる。そして、ひとつの事象がテクノクラートにとっては経営システムとして捉えられ、被害をこうむる住民にとっては支配システムとして捉えられるという指摘は、両者の和解が困難である理由を明らかにしている。たしかに彼の理論は難点を有するものではあったが、こうした当事者が持つ認識以外の認識があり得ることを示した点で、環境ガバナンス論として見た場合、秀逸なものだった。

彼の理論は、一見すると、受益者と受苦者の対立、あるいは統治者と住民の対立を運命的な逃れられないものとしているようにも見える。しかし、それが明らかにしていることは、むしろ、まったく逆である。船橋の理論は、対立のしくみを理論的に解明することによって、その当事者たちに自分たちがよって立つ立場を自覚させる。そして対立する相手の立場を理解しようとするのを助ける。異なるシステムに生きる者が、いかにして交わることが可能であるか、彼の理論は、まさにそれを問うものであった。すなわち、この理論は、紛争の解決に道を開こうとするものと見なすべきである。この点で、船橋の一連の研究は、社会学理論が現実的課題の解決に貢献する可能性を示したと言うべきだろう。

環境ガバナンスの焦点

日本社会において環境問題は、高度成長期に公害問題が頻発したことから注目され一九九〇年代に入って、地球温暖化等の地球環境問題が論じられるようになると、さらに一段と世間の関心事になった。

図6－4　モノの流れ

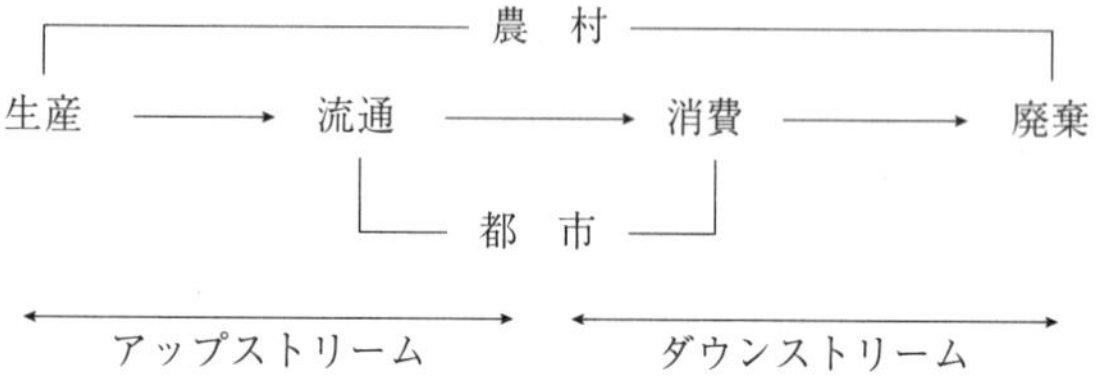

出典：早川洋行『ドラマとしての住民運動―社会学者がみた栗東産廃処分場問題』社会思想社，2007年，p.188.

こうした歴史的な視点で環境問題をとらえたとき、環境ガバナンスの今日的焦点は、以下の六点にまとめることができる。

① アップストリームからダウンストリームへ

これまでの公害の歴史を振り返ってみると、生産の局面における、工場等からの煤煙、騒音、排水等による被害と、流通の局面における自動車・鉄道・飛行機等の交通手段がもたらす被害が、一九六〇年代一九七〇年代の公害問題の大多数であった。このことは、四大公害がすべて生産局面で生まれたものであったことや、新幹線騒音や自動車の排気ガス問題などを想起すれば明らかであろう。これにたいして、近年はアスベストや欠陥製品といった消費の局面での問題と本書が扱う事例のような廃棄物問題が世間の注目を集めている。

これは、生産と流通の両部面での社会的規制が整備され、また技術的面での改善が進んだ一方で、未だ消費と廃棄の両部面では、安全性に関する規制や技術が整備されないままであることに起因している。つまり、今日の公害問題は、アップストリームの問題からダウンストリームの問題に移行しつつある。日本社会において、この部面で環境を制御するシステムを構築することが、今まさに課題になっている。

　人間の生活において必然的に生み出される廃棄物は、かつては自然に分解するか、分解しないまでも害を与え続けるようなものではなかった。ところが、産業社会が生み出した人工的な生成物は、使用価値を喪失した後も自然環境に居残り、環境を汚染し続ける。役目を終えた放射性廃棄物や石油化学製品をどのように安全に処理するのか、あるいは保管するのかは、現代社会において喫緊な課題になっている。よく指摘されているように、もし社会がその仕組みをうまく作れないのであれば、そうしたものの発生そのものを抑制するしかあるまい。

② 危険からリスクへ

　一九八六年、チェルノブイリ原発事故が起きた。U・ベックの Risikogesellschaft（邦題：『危険社会』）は、その直後に出版され「リスク社会」という言葉を全世界に広めることになった[11]。

　この書のなかで、ベックは現代社会を古典的な産業社会とは区別して、リスク社会とよんだ。彼によれば、古典的な産業社会では富の分配が重要な問題であるのに対して、リスク社会ではリスクの分配が問題となる。古典的な産業社会は階級社会である。そこでは富が不平等に分配される。しかし、リスク社会における対立はこれとは著しく異なる。なぜなら「貧困は階級的だがスモッグは民主的」だからである。富める者も、その富の源泉たる産業活動の被害を一様に蒙らざるを得ない。彼は、このことを「ブーメラン効果」とよんだ。

この書の中でベックは、危険（danger/Gefahr）という言葉とリスク（risk/Risiko）という言葉を区別しないで用いていた。これに対してN・ルーマンは、両者を区別することを主張する。[12]彼によれば、リスクとは決定によるものであり、危険とは環境によるものである。すなわちリスクは、危険とは違って、人が避けようとすれば避け得るかもしれない潜在的損害である。

ところで、たとえば有害食品によって不健康になることは、その食品を選んだという意味でも、そうした商品を規制する政策を作らなかったという意味でも、たしかに決定による「リスク」である。しかしだからといって、消費者に全責任があるのだろうか。すなわち、リスクを決定に関連づけて理解するとリバタリアンがよく使う自己決定論に接近することになる。

この点でA・ギデンズは、危険とは所与として認めたものであり、リスクとは支配しようとするもの、という区別を用いている。そして、リスクには、伝統社会にある「外在的リスク」とその後の社会の「工場生産されたリスク」がある、と述べる。おそらくこの定義の方が、ルーマンの定義よりも現実を理解するには好都合だろう。このギデンズの概念図式に従えば、ベックのリスク社会論は、主に「工場生産されたリスク」をめぐる議論であったと言うことができる。[13]

ところでベックは、「危険社会には対立やコンセンサスの新しい源泉がある」とも主張していた。彼は、リスク社会は、ビジネスがリスクをどのように定義して何を除去すべきリスクとするかという問題に関わる社会でもあると述べた。ここで思い出すのは、M・ウェーバーが近代化を「脱魔術化」ないし「合理化」の過程としてとらえていたことである。彼は、人々が共通して神を信じていた時代が終わりを告げたことをそう呼んだことは有名である。

危険をリスクにすることは、まさにこの脱魔術化・合理化と同義ではなかろうか。だとするならば、リスク社会とは超越的価値に依存して成り立つ社会ではなく、リスクについて合理的な説明が常に求められる社会であると解せられる。すなわち、不断のコミュニケーション（ウェーバーの言葉でいえば「神々の闘争」）が求められ、問題にかかわるそれぞれの行為者に説明責任が問われる社会であると言えよう。

③ 環境制御システムの内部化

舩橋晴俊は、環境制御システムと経済システムの関係を次の五つの段階にわける。[14]

O：産業化以前の社会と環境との共存
A：産業化による経済システムの出現と環境制御システムの欠如による汚染の放置
B：環境制御システムの形成とそれによる経済システムに対する制約条件の設定
C：副次的経営課題としての、環境配慮の経済システムの内部化
D：中枢的経営課題としての、環境配慮の経済システムの内部化

彼は、日本社会は一九六〇年代までのA段階にとどまっていたが、一九七〇―七一年の公害対策に関する諸制度の確立によってB段階への移行が可能になり、一九七〇年代半ばからはC段階への移行が始

まり、二一世紀の初頭はC段階が定着した段階であり、さらにD段階への移行が求められている時代だと言う。

ただし、「社会はきわめて複雑であり、さまざまな部分が同時に変化するわけではないから、環境制御システムの経済システムに対する介入の程度は、細かくみれば一つの歴史的時点において、複数の段階が並存しているのが常である」とも述べ、A段階に止まる問題として廃棄物不法投棄問題をあげている。

日本環境社会学会ができたのが一九九二年であるが、それより二年早く一九九〇年に日本環境教育学会が発足している。公害対策基本法（一九六七年制定）が改められた環境基本法（一九九三年制定）は、その第二五条において、「国は、環境の保全に関する教育及び学習の振興並びに環境の保全に関する広報活動の充実」を行うことが定められた。

このように、環境制御システムは二〇世紀末から経済システムのみならず、教育システム、そして国家システムのなかに組み込まれていった。しかし、こうした環境制御システムの内部化には、その弊害も指摘されねばならないだろう。こうした体制化の進展と逆比例する形で、環境問題に対するまなざしの中から、一九七〇年代頃の公害問題に対する見方には厳然としてあった社会的不平等や権力批判の視点が脱落していったように思われる。

これには、日本社会の伝統的文化も影響しているとみてよい。この点に関して二点指摘することができる。

第一は、日本文化に、アニミズム思想が基層的にあったことである。万物に精霊が宿るというアニミズム思想は、よくいわれるように自然現象への諦観を醸成した。日本社会において、これは災害を理解する概念枠組みとして機能してきた。具体的に言えば、地震はナマズのせいにされ、雷や強風は神が起こすものとされた。こうした人知を越えた力に対する畏敬の念が存在したことによって、自然災害はしばしば神の仕業、それゆえ「仕方がない」ものとされたのである。そして、こうした論理が、自然災害のみならず人間による災害である環境問題にも流用されることで、加害者責任が曖昧模糊にされる傾向があったことは指摘されねばならない。

第二は、武士社会に典型的に見られるように、藩や家といった、システムの保持が至上のものとされ、そのためには主体の責任を方便と見なす文化があったことである。これによって環境問題の個人責任は免罪され、いわば「一億総懺悔」の様相を呈したと言ってよいと思う。ただし、このことは必ずしも消極的に評価されるべきことでもない。この点については後述する。

それでも公害の被害が現前の事実としてあったときには、加害者批判の声は小さくなることはなかった。しかし、それが落ち着いてくるとまさに「喉元過ぎれば熱さ忘れる」のことわざ通り、日本文化に基底的なこれらの特徴によって、加害者追及は鈍化して行った。そして、やがて、日本社会では、環境問題に関して加害者への責任追及よりも、「あなたも加害者のひとり。ひとりひとりの生活を見直そう」という体制側のキャンペーンが優位する事態が生まれたのである。

一例をあげる。これは前著でも指摘したことだが、日本の産業廃棄物の排出量は四億三六六万トン（平成二〇)。これに対して、一般廃棄物の排出量は、四千六二五万トン(平成二一)である。このことから、廃棄物問題は、産業廃棄物をいかにして減らすかということにかかっているのは自明である。そして、産業廃棄物についての責任は、消費者に皆無とは言えないが、生産者にこそ求められるべきである。ところが、日本人の産業廃棄物への関心は、家庭ごみへの関心ほどにはない。これが日本の現実なのである。

環境制御システムの内部化にあっては、加害者責任を明確化する仕組みづくりが欠かせない。そして、環境が破壊された時には汚染者負担原則(polluter-pays principle 略称PPP)にのっとって、回復を図らねばならない。そうした加害者の責任追及を組み込んだうえで、環境を守る仕組みをいかに作るのかが問われている。

④ フロー公害とストック公害

宮本憲一は、フロー公害とストック公害という区分を提起している。フロー公害とは、「有害物質と被害の発生の期間が比較的短期間であり、有害物質の発生を止めれば被害の増大を防ぐことができる」ものであり、ストック公害とは「人体、商品や環境に蓄積した有害物質によって長期間を経て発生する災害」であり、「有害物の生産を止めても、そのストックのあるかぎり被害発生の可能性がある」ものである。

そして彼は、次のように述べた。「公害は終わったといいますが、それは多くのフロー公害のことであって、ストック公害はこれから始まるといってよいでしょう。廃棄物公害や地球温暖化ガス・フロンガスによる地球規模の汚染はストック公害です。ストック公害はフロー公害以上に発生源の責任が確定しにくいという問題があります。しかし、規制をし、被害救済をすすめるためには、責任は明確にしなければならないでしょう。[15]」

この言葉は、半分あたり、半分は正しくなかったと言うことができよう。あたったというのは、この五年後に福島原発事故という史上最悪のストック公害が起きたからであり、正しくなかったというのは、この事件の発生源の責任は明確だったからである。

発生源の責任が明確であれば、被害の補償がなされやすいのは事実である。しかし、それは、確定的なことでもない。なぜならストック公害は、往々にして広範囲、長期間にわたる被害をもたらし被害の範囲と程度を確定することが困難になりがちだし、また被害金額は膨大な額にのぼるから容易には決着しない恐れが強いためである。ストック公害においては、しばしば現実問題として、先に述べた汚染者負担原則を貫くことが困難になる。

⑤ 個別責任から社会的責任へ

ベックが述べたように、現代社会は古典的な産業社会とは異なる。古典的な産業社会は階級社会であった。階級社会にあっては、環境問題の責任は、特定の企業あるいは特定の階級に帰せられることが多かった。しかし、現代社会においては、そうした論理は通用しない。たとえば、地球温暖化の問題は、フロンガスや二酸化炭素の排出量を規制しなかった社会の問題として考えられている。こうした状況においては、一般の人々が直接環境を悪化させているという意味での責任ではなく、それぞれ選挙権を持つ一人の政治主体として、政治家なり行政なりに環境悪化を防ぐ政策を作らせてこなかった責任が問題とされる。

今日、こうした認識は広く浸透しつつあるように思う。言い換えれば、環境問題に対する政治的責任の自覚は普遍的なものになってきている。こうした責任を深く自覚し、行動の先端に立っているのが、環境にかかわる様々なＮＧＯやＮＰＯなどで活動を行っている人々であろう。

今日、環境問題の重要性は広い市民権を得ている。先に、環境問題の個人責任は免罪され、いわば「一億総懺悔」の様相を呈した、と述べたが、そのことによるひとつの希望は、問題をたんに特定の主体の責任として片付けて終わりにするのではなく、新たな社会システムづくりについてのコンセンサスが生まれやすい状況があることだろう。そして、環境価値の一般的な承認、共有化は、一定の限度を超えた環境破壊や人的被害に際して、それを加害者の責任として放置するのではなく、国家なり地方自治体なりによる公的な救済対象にすることに道を開くものとなっている。

⑥補完性の原理

内閣府に作られた地方分権推進委員会の最終報告（二〇〇一年六月）は次のように述べた。

ヨーロッパ評議会が制定したヨーロッパ地方自治憲章や国際自治体連合（ＩＵＬＡ）がその世界大会で決議した世界地方自治宣言では、事務事業を政府間で分担するに際しては、まず基礎自治体を最優先し、ついで広域自治体を優先し、国は広域自治体でも担うにふさわしくない事務事業のみを担うものとするという『補完性の原理』の考え方が謳われている。

わが国の事務事業の分担関係をこの『補完性の原理』に照らして再点検してみれば、国から都道府県へ、都道府県から市区町村へ移譲した方がふさわしい事務事業がまだまだ少なからず存在している一方、これまではともかく今後は、市区町村から都道府県へ、都道府県から国へ移譲した方が状況変化に適合している事務事業も存在しているのではないかと思われる。分権改革というと、事務事業の地域住民に身近なレベルへの移譲にのみ目を向けがちであるが、分権改革の真の目的は事務事業の分担関係を適正化することにあるのである。

また京都市は、『京都新世紀市政改革大綱』（二〇〇一年二月）において「補完性の原理」に基づく「市民と行政の役割分担」の改革を掲げたが、そのなかで「補完性の原理」について「自立した市民を基本に、市民の自助・共助で解決できる問題は市民の自主的・自発的活動で解決し、それが不可能な場合に民間非営利団体（ＮＰＯ）や企業が行う。それでも困難な場合のみ公助として自治体、国が順に補完・支援を行っていくという考え方」と説明している。

嘉田知事も就任以来、同様な発言を繰り返ししている。たとえば「今、河川政策などの公共事業政策について大事なことは、税金による公助に加えて、自助、共助のしくみをつくること」だと言う[16]。

ところで「補完性の原理」に詳しい遠藤乾によれば、「補完性の原理」には二つの意味があるという。ひとつは消極的補完性で「より大きな集団は、より小さな集団（究極的には個人を含む）が自ら目的を達成できるときには、介入してはならない」という介入の限定原理である。そして、もう一つは、「大きい集団は、小さな集団が自ら目的を達成できないときには、介入しなければならない」という介入肯定の原理である。これらは本質的に矛盾している。介入すべきかすべきではないのか、これらは、どのようにして決められるのだろうか。乾は、それは「政治的文脈」によるとして、だから補完性は「本質的に争われる概念」だと述べている[17]。また同様に、宮崎文彦も、「補完性の原理」を公共哲学として論じる論文のなかで、「どのレベル・主体においてどのような業務を担当すべきかということを決定することが補完性の原理の求めるものではなく、どのような分担が適切であるかの討議・検討を促すものが補完性原理である」と述べている[18]。

この理解に従えば、京都市や嘉田知事の言っていることと、「補完性の原理」の本来の意味は少し異なっている。それは、少なくとも行政体という大きな集団が地域コミュニティに自己努力を促したり、その仕組みを作るといったものではない。むしろ、地方分権推進委員会の最終報告が述べたように、各主体が「補完性の原理」に照らして再点検していくことで、各主体の分担関係を適正化することこそが、もともとの原義に沿ったものであると言えよう。

環境問題においても、この「補完性の原理」は重要である。ＲＤ問題では、事件のことを誰よりもよく知る現場に身近な住民に、その不法投棄を規制する権限がなかったことが問題を大きくさせたと言ってよい。これはこの問題に先立って有名になった豊島産廃不法投棄事件でも同様である。不法投棄問題は、県庁所在地のような権力の中枢部ではなく、都市の周縁部で発生する。もとより、その地域社会は、その問題を防止する権限も、その被害から回復するのに必要な財源も貧弱である。実際、栗東市や土庄町では、全く手に負えなかった。しかしながら、それを補うべき滋賀県と香川県の動きは鈍かった。地元の住民たちは、全く理不尽にも、多大な努力を強いられたのである[19]。

この問題は、東日本大震災のガレキ処理問題でも問われたことである。国がすべきことは何か、都道府県がすべきことは何か、そして環境を守るために基礎自治体はどういう連携を取るべきなのか、まさに「補完性の原理」は、その問題を問うている。

滋賀県の対応

さて、これまでのべてきた環境ガバナンスの今日的到達点を踏まえて、RD問題における滋賀県の対応を検証することにしよう。

この問題は、ストック公害であった。先に述べたように、ストック公害は被害が長期化し、その回復にかかる費用も膨大なものになる。滋賀県はまず、そのことを覚悟すべきであった。もし、それがあれば、この処分場の実態について知り得る情報を広く開示し、各アクターとコミュニケーションを密にして、リスク認識の共有化をはかるという対応をとったであろう。ところが、滋賀県は、責任追及を優先させることを名目として、元従業員らの不法投棄に関する情報を秘匿した。そればかりか、自らの行政運営を批判的に論じる論文には一方的な批判を加え、その後コミュニケーションを遮断した。これは終始、事件をRD社の個別責任の問題としてとらえて、行政体としての社会的責任を放棄する態度であった。

滋賀県が、このような対応をとった一つの要因は、処分場の改善が産廃特別措法という時限立法によることでしか解決できない、と判断したためである。この点では、たしかにダウンストリームの部面における法的不備が指摘されねばならない。救済の仕組みという点では、処分場の改善策について、住民参加の諮問委員会に検討を委ねたことは、環境制御システムの行政システムへの内部化として高く評価すべきである。しかし、問題に対しての覚悟が、あまりにも弱かった。だから、滋賀県にとって「法的不備」は、ただ自らの責任逃れの言いわけに使われ、結局対策委員会や検証委員会といった諮問委員会は、国の予算を獲得するための「方便」としてしか扱われなかった。

滋賀県が自らの対策工法をもって押し切ろうとした背景には、環境制御システムの一定の内部化によって生まれた、住民の環境意識の水準の高さを見誤っていたことがある。対策委員会の答申を反故にしたことで、主権者としての住民の怒りに火をつけてしまった。彼らは、事件を早期に収束させることばかりに目が行き、有害物が現地に残ることで、地元住民が半永久的に被らざるをえない被害構造全体を見る視点が欠けていたのである。すなわち、自らが経営システム的な視点に偏っていたことに無自覚であったし、地元住民から行政そのものが支配システムとして認識されていることに無頓着だったのである。

この事案においては、滋賀県として何ができるのか、栗東市がどのようにかかわるのか、地元住民の決定権はどこまであるのか、といった「補完性の論理」を念頭に置いた議論はほとんどなされなかった。滋賀県は産廃事業の監督権限をもつ立場であった。そして、地域社会においてもっとも多額の予算を差配できる行政体である。そうであるならば、事件が発覚した段階で積極的に実態解明に動くべきだった。ところがそれをしなかった。それどころか、地元住民と栗東市も加わって対策委員会で作り上げた工法案を土壇場になって一方的に拒否してしまった。これは多様な主体によるガバナンスを自ら否定するものである。

その後、事態が膠着したのは、当然の帰結であった。

注

（1）飯島伸子「環境問題と被害のメカニズム」飯島伸子編『環境社会学』有斐閣、一九九三年、八一―一〇〇頁。

（2）飯島伸子「環境社会学　その誕生の過程と課題について」飯島伸子先生記念刊行委員会編『飯島伸子研究教育資料集』一九九五（二〇〇二）年、三五一頁。

（3）飯島伸子「行動する環境社会学　『問題の解決に貢献』を会則に」飯島伸子先生記念刊行委員会編『飯島伸子研究教育資料集』一九九四（二〇〇二）年、三四八頁。

（4）飯島伸子「公害都市における住民運動　企業まかせでは『座して死を待つ』」飯島伸子先生記念刊行委

員会編『飯島伸子研究教育資料集』一九七〇（二〇〇二）年、二五頁。
（5）船橋晴俊他『新幹線公害』有斐閣選書、一九八五年、七七頁。
（6）梶田孝道『テクノクラシーと社会運動』東京大学出版会、一九八八年、三―三〇頁。
（7）船橋晴俊「社会的ジレンマ論」「環境負荷の外部転嫁と社会的ジレンマの諸類型」船橋晴俊・宮内泰介『新訂環境社会学』放送大学教育振興会、二〇〇三年、一九〇―二一九頁。
（8）梶田、前掲書、五頁。
（9）船橋晴俊「協働連関の両義性―経営システムと支配システム」現代社会問題研究会編『現代社会の社会学』川島書店、一九八〇年、二一一頁。
（10）この表は、船橋の前掲書、二二三頁にもあるが、多少修正されている。
（11）Beck, U. Risikogesellschaft: Auf dem Weg in eine andere Moderne, Suhrkamp Verlag, 1986.（東廉・伊藤美登里訳『危険社会――新しい近代への道』法政大学出版局、一九八八年）
（12）Luhmann, N. Soziologie des Risikos, Walter der Gruyter 1991.
（13）Giddens, A. & Pierson, C. Conversations with Anthony Giddens: Making Sense of Modfrnity, 1998.（松尾精文訳『ギデンズとの対話――今の時代を読み解く』而立書房、二〇〇一年）。
（14）船橋晴俊「環境制御システム論の基本視点」『環境社会学研究』第一〇号、二〇〇四年、七〇頁。
（15）宮本憲一「複合型ストック公害の責任」宮本憲一・川口清史・小幡範雄編『アスベスト問題　何が問われ、どう解決するのか』岩波ブックレット、二〇〇六年、二四頁。
（16）嘉田由紀子（語り）・古谷桂信（構成）『生活環境主義でいこう！　琵琶湖に恋した知事』岩波ジュニア新書、二〇〇八年、一三九頁。
（17）遠藤乾「日本における補完性原理の可能性　重層的なガバナンスの概念化をめぐって」山口二郎・山崎幹根・遠藤乾編『グローバル時代の地方ガバナンス』岩波書店、二〇〇三年、二五四頁。

(18) 宮崎文彦「公共哲学としての『補完性原理』」公共研究四(一)、二〇〇七年、六五頁。

(19) 豊島問題については、以下の文献を参照。廃棄物対策豊島住民会議編『豊かさを問うII 調停成立五周年をむかえて』二〇〇五年。廃棄物対策豊島住民会議編『豊かさを問うIII 調停成立十年誌 ゆたかの島』二〇一〇年。

第七章　社会学的実践

生活環境主義の主張

政治家になる以前、環境社会学者としての嘉田さんは、生活環境主義を主張してきた。生活環境主義は、自然を人工によって管理しようという近代技術主義とありのままの自然を称揚する自然環境主義の対立を否定して、居住者の立場を重視して判断しようという主張だと言われる。この方法論が、飯島の被害構造論や船橋の理論と大きく異なっているのは、このように初めにイデオロギー批判として自らの立場を位置づけていることである。つまり、「論（セオリー）」ではなく、ひとつの「主義（イデオロギー）」として主張されている点に最大の特徴がある。しかし、このイデオロギーが、K・マンハイムのよく知られた言葉で言えば「普遍的イデオロギー」、すなわち自己がよって立つ存在拘束性に自覚的であるイデオロギーであったかというと、それは、はなはだ疑問である。

筆者は前著『ドラマとしての住民運動―社会学者がみた栗東産廃処分場問題』において、この生活環境主義の欠陥を指摘しておいたが、その要点は以下のようなものである。

第一に、居住者を一様なものとしてとらえていること。実際の地域社会には、多様な意見を持つ多様な主体がいるし、複数の集団同士間で対立することもある。生活環境主義は、居住者の立場と言うが、そのことをどこまでわかった上で言っているのかが疑問である、という問題。

第二に、地域社会の固有性を強調するあまり歴史主義に陥りがちなこと。生活環境主義を標榜する研究業績をみると、個別具体的な生活の叙述に終わってしまっているものが多い。歴史学や民俗学ならそれでもいいのかもしれないが、社会学らしい視点、たとえば、近代化や資本主義化、あるいは典型的な社会関係や社会変動の論理といった普遍的な問題への展開が乏しいこと。

第三に、権力への視点が脱落しがちであること。社会変化があたかも自然現象のひとつのように語られてしまう。たとえば、人と水とのかかわりにしても、政治的ないし経済的権力によって大きく変わったことは自明である。そして、それを納得して受け入れてきた居住者がいたのも確かなことである。しかし、そうしたことが捨象され、過去と現在だけが単純に対比されること。

そして、第四に居住者の立場に立った時、居住者の立場に立つことは良いとしても、居住者ではない社会学者は何ができるのか、という点での答えが曖昧なことである。

これらの問題は、生活環境主義が、もともと居住者の同質性が強い農村の研究から生まれたことや嘉田さんや鳥越皓之氏らそれを主唱した研究者が、この方法論を唱えるに至るまで、社会学よりもむしろ民俗学や文化人類学のアプローチに慣れ親しんでいたことが起因していると考えて間違いはないだろう。その研究は、人々にノスタルジーを喚起するかもしれないが、現代社会を批判的に解明し、それを超克していこうとする立場からすれば、限界をもつものであると言わざるを得ない。

図７－１

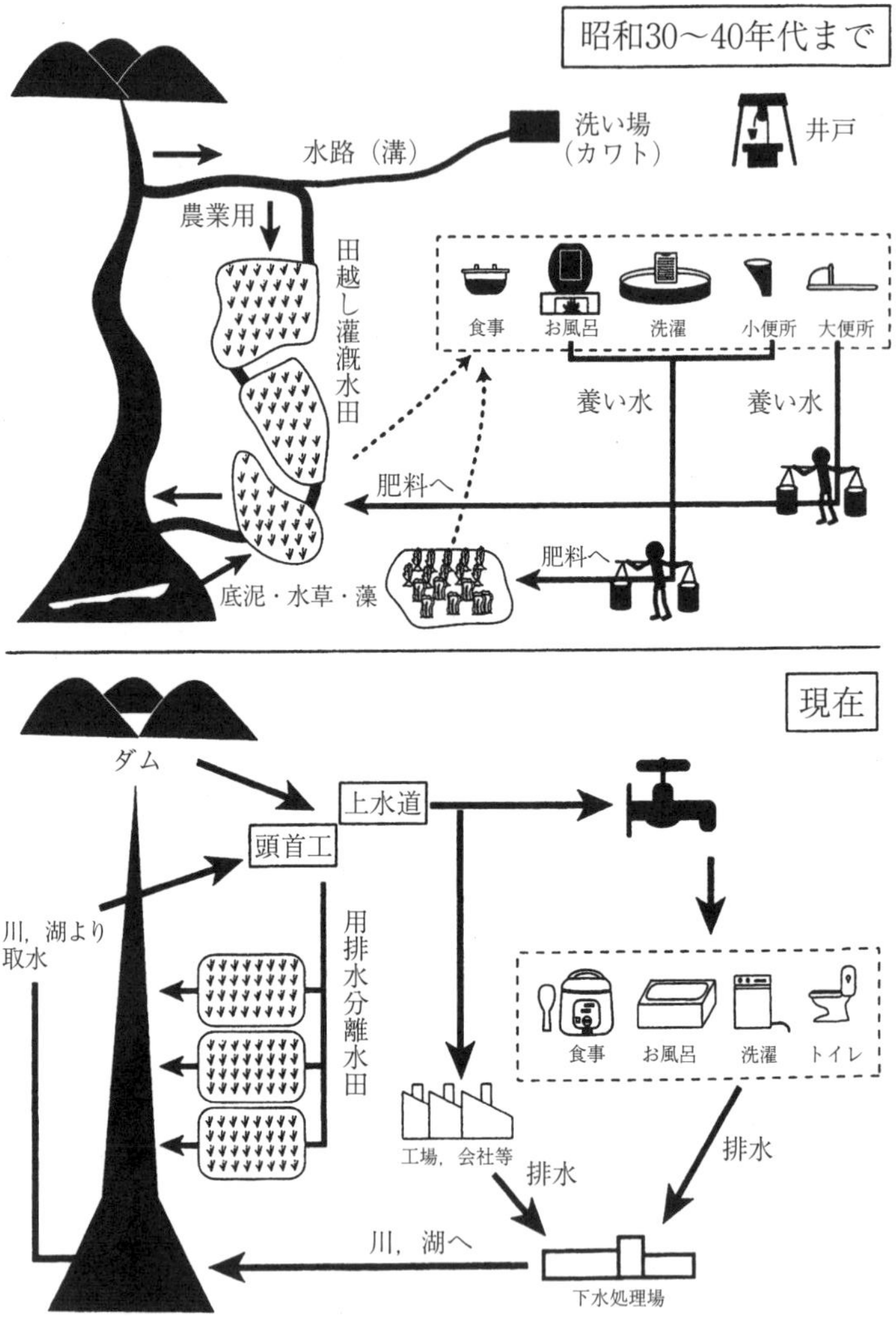

出典：嘉田由紀子「生活環境主義とは何か？　琵琶湖とアフリカ・マラウイ湖の現場から」『生活-環境革命』藤原書店，2001年，p.114.

嘉田知事の県政運営を見ていると、この生活環境主義の影響がたしかに読み取れる。たとえば、次の、脱政党ではなく超政党という主張はまさにそれではなかろうか。

超政党＝県民党という選択

二〇一〇年五月一一日に行われた県政記者クラブ主催の記者会見で、嘉田知事は次のように述べた。滋賀県庁のホームページにある記録から引用する。

［朝日新聞］

繰り返しすみません。「県民党」の意味するところが分からないです。また質問させてください。「県民党」といいながら各政党に支持をお求めになるというところがよく分からないのですけれども、政党の支援はいらないというふうに言われることはできないんですか。

［知事］

これは四年前の選挙の時にかなり説明させていただいたんですけど、その当時はみなさん納得いただいたと思うんですが、また繰り返しになりますけれども、「県民党」というのは、「脱政党」ではないということです。すべての政党と無関係にではなく、県議会に代表を送っていただいているすべての政党と「政策」というところで協力をする必要がある。それが県民にとっての安定的な県政を運営していく基本と私は思っております。それを「脱政党」ではなく、一時期「超政党」という言い方をさせてもらったんですが、これは誤解を招くので、「県民党」と。つまりすべての政党の皆さんと政策本位で協力をさせていただく、という意味で支持・支援をお願いをしているわけです。

近年、自治体の首長が特定の党派の推薦をいやがって、無所属として選挙戦に臨むことが多いのは事実である。この現象をイデオロギーの問題ではなく現実的利害の問題として考えることも可能だろう。すなわち、今の日本社会で絶対的な勢力を誇る党派は存在しない。政党への支持は分散化しかつ流動化しているうえに、無党派層が最も多いのだから、特定の政治勢力の色を身にまとうのは、選挙においてリスクにこそなれ、候補者にとってのメリットは少ない。そこで、超政党＝県民党を標榜して、まんべんなく有権者からの支持を得ることをねらうわけである。

しかし、滋賀県の嘉田知事の場合はそれだけだろうか。彼女の場合、自らのイデオロギーの問題としても理解可能である。

超政党＝県民党の主張は、政党がもっているイデオロギー対立から距離をおいて、居住者である県民の幸福を第一に考えようというのであろう。これは、明らかに近代技術主義と自然環境主義から距離を置いて「居住者の立場に立つ」生活環境主義の主張と近似している。もしそうだとするのならば、政治家としての嘉田由紀子知事の超政党＝県民党という理念にも、生活環境主義に寄せられた社会学上の批判が通用することになるのではなかろうか。

生活環境主義における「居住者」概念は、ひどく曖昧なものだった。現実の社会では居住者は多様であり、意見対立、利害対立は当たり前である。実際、ダム問題と新幹線新駅問題では、県民のなかには賛成の者もいるし反対の者もいた。そうした中で知事は決断しなければならない。その際に判断のよりどころになったものは何か。超政党＝県民党という主張は、生活環境主義の「居住者の立場に立つ」という主張と同様に全く答えになっていないのである。

脱イデオロギーのイデオロギー性

かつてD・ベルが『イデオロギーの終焉』（一九六〇年）という本を書いた時、イデオロギーの終焉というイデオロギーが唱えられた、と揶揄されたことを思い出す。超政党＝県民党という理念は、一見イデオロギーを無化するもののように見えて、実はそうではないのではなかろうか。

「すべての政党の皆さんと政策本位で協力をさせていただく」という主張は、脱イデオロギーではなく、間違いなくひとつのイデオロギーである。ではそれはどのようなイデオロギーなのだろうか。ひとつ言えることは、それは行政職員のイデオロギーに極めて近いということである。

行政職員は、住民には平等公平に接することを求められる。またどの政党会派の議員にも、分け隔てなく配慮しなければならない。M・ウェーバーがかつて述べたように、行政を「非党派的」になすのが、行政職員の務めなのである。[(1)] 県民党という主張は、行政職員の模範的態度と重なるものであることは明らかだろう。ここに、嘉田知事の生活環境主義と滋賀県の行政文化との重要な接点が存在している。

このことは、嘉田知事の政治家としての資質に関わる問題だとも言えるだろう。ウェーバーは、政治指導者と官吏（行政職員）はまったく違うものだとして、「官吏として倫理的にきわめて優れた人間は、政治家に向かない人間、とくに政治的な意味で無責任な人間であり、この政治的無責任という意味では、道徳的に劣った政治家である」と述べた。彼によれば、「党派性、闘争、激情—つまり憤りと偏見—は政治家の、そして政治指導者の本領」であり、かたや官吏には「倫理的規律と自己否定」が求められるからである。彼は、「官僚政治」が生まれるのは、まさに「党派性」の曖昧な政治指導者が、指導的地位につくことによると考えた。

嘉田知事は、五期二十年続いた県庁出身知事の後に誕生した。そこには、これまでの行政を変革することへの県民の期待があった。しかし、そうした期待とは裏腹に、嘉田さんが、もともと身に着けていた生活環境主義の思想と県庁の行政文化は、かなり近いものだったのではないだろうか。

救命ボートの倫理

環境問題を考える上で有名な用語のひとつに、G・ハーディンの「救命ボートの倫理」がある。これは、救命ボートに乗れる人数は限られているにもかかわらず、溺れかけている人をすべて乗せたら、ボートは転覆するに違いない。したがって、ボートに乗れずに溺れる犠牲者が出るのはやむを得ないとする考えである。

これは、ひとつの比喩であり、船に乗っている人々を先進国、溺れている人を発展途上国の人々として、環境や資源を守るために発展途上国を切り捨てることを正当化する論理としてつとに知られている。嘉田知事がA２案を採用しなかった一つの理由は、工期が時限立法である産廃特措法の期限を超過することであった。しかし、超過した分を県の単独予算でまかなうという判断もありえたはずである。しかし、彼女はそれを「県民の理解が得られない」と考えた。ここにみられるのは、まさに「救命ボートの倫理」ではなかろうか。滋賀県の予算は限られており、財政が逼迫している時でもあるから、県民全体のことを考えれば多少の犠牲は仕方がない、という理屈である。

しかし、行政対応検証委員会の結論にある通り、そもそもこの問題の発生にかかわって、滋賀県には不正を見逃した責任があった。これは、まぎれもない事実である。たとえて言えば、地元の住民たちにとって、滋賀県のせいで、われわれは海に突き落とされた、という思いがある。ところが一方、一つの部署に数年しか止まらない県職員にとって、こうした過去の責任を切実なものとする感覚は希薄である。むしろ今の財政状況を悪化させないことの方が、優先順位が高くなる。それは何より自分の責任と考えるからである。

こうした県職員の気持ちと地元住民の気持ちは、全くかみあわない。これは前章で述べた経営システムと支配システムの問題である。つまり、同じ問題を県職員は経営として、住民は支配として見ているのである。これでは両者の溝は、一向に埋まらない。

こうしたとき、問題解決に期待されるのは、行政職員ではなくて、むしろ政治家のような存在である。とくに組織の中の人間であるとともに、そこから超越した存在でもある知事は、基本的に言って、職員よりも住民たちの気持ちをくみ取ることができる立場にある。事態を打開するためには、トップの決断が求められるのである。しかし、嘉田知事の場合、その県民党という理念がまったく抽象的なものであり、その理念は特定地域に偏重した予算付けとは相いれないものだった。むしろその理念は、政治家的立場からの思い切った財政支出を妨げるものだったと言ってよいだろう。

嘉田知事は、処分場の改善工事について、あくまで県案での同意を地元に求めていた時期、議会で次のように述べている。

有害物の全量撤去につきましては、有害物除去を行うための廃棄物の全量掘削や全量撤去を行うことは、技術面や財政面などからも、また、総合行政を担う立場から県民への説明責任も果たせないと考えております。（県議会二〇〇九年九月一八日）

「総合行政を担う立場から」の「県民への説明責任」。はたして、ここでいう「県民」の中に地元住民は含まれていたのだろうか。筆者は、これはまさにテクノクラートが取りやすい「救命ボートの倫理」ではないかと思う。

フィールドワーカーとしての対話

嘉田知事は、一期目のマニフェストで「違法投棄物質の除去」を主張していた。そしてそれは、地元住民ほとんどの思いであった。しかし、彼女は途中から、「ここは一旦悪役になっても、全量撤去という方針をとれない」と主張を変える。

居住者の立場に立った上で環境によいことを考える、という生活環境主義の立場からすれば、有害物を全量撤去するという案こそとるべき選択肢である。ところが、一方、安全性やコストを考えればD案でもいいじゃないか、という意見もある。おそらく県職員は、その立場から知事を説得したに違いない。

知事は、しょせん問題を抱えた地域社会の居住者ではない。にもかかわらず、知事は対策工法の決定において、強大な権力を握っている。こうした場合、判断の基準は何かについて、生活環境主義は何も答えることができない。まさに先に生活環境主義の欠陥として指摘した第三、第四の点に関わる問題である。

この時、本来望ましかったのは、正直に自分が考えていることを話し、住民たちと真摯に対話することだった。しかし、彼女には、それができなかった。じつは生活環境主義のいうところの「対話」は、対等な人間が腹を割って議論するという性格のものではなかった。たとえて言えば、都会からやってきた人間が、田舎の人の珍しい話に謙虚に耳を傾ける、という類のものであった。

一般に対話というと、対等な立場での会話を連想しがちであるが、フィールドワークでは全く違う。フィールドワーカーは、現地の人との対話の際には、なるべく聞き役に徹することが大切である。相手の正直な声を聞きとるために、自分の考えを積極的に表すのは好ましくはないのである。嘉田知事にとって、対話とはまさしくそういうものであったのである。そして、こうした態度は、二〇〇八年五月一一日に行われた住民との意見交換会で如実に見られた。

第一章で記者会見の模様を抜き出したが、新聞記者は知事の態度が「上から目線」ではないかと述べていた。これは全く正しい。いわば生活環境主義は、まさに上からの目線で「居住者の立場に立つ」思想であると言ってよいだろう。この点で彼女は、自らのイデオロギーに忠実に行為したのではなかろうか。とはいえ、地元の猛反対を押し切る、しかも環境にとってのリスクが高い方の選択肢を選んで、それを受け入れるようにと地元住民に押しつけることも、生活環境主義の主張とは相いれない。それは明らかな矛盾であり、自家撞着に陥ってしまった。

これは嘉田知事本人にとってもかなりの苦痛だったのではなかろうか。だから、彼女は、土壇場になって、栗東市に不義理をすることを承知しつつも、予算案計上を見送ったのではないかと思う。

知事としての嘉田さんの仕事を、社会学的実践の一つとしてとらえるならば、残念ながら、それは思想としての生活環境主義の限界を示したものと言わざるを得ない。

ドラマとしての住民運動論

嘉田さんにとって知事という職が、社会学的実践としての意味をもつとしたら、筆者が住民運動にかかわり、滋賀県との裁判闘争を行ったこともまた、社会学的実践と呼ぶことができるだろう。

筆者が前著で提起した、「ドラマとしての住民運動論」は、研究者があたかもお芝居を観る時のように現実に対峙し、アクターとの共感にもとづく解釈を基礎にして、現実を一個のドラマとして再構成するという方法論であった[2]。

それは、地域紛争にかかわって七つの課題の解明を目指す。①ドラマの舞台になった地域社会の社会構造と文化を一定明らかにすること。②ドラマに登場する行為主体（アクター）の性格と彼らの相関関係を明らかにすること。③ドラマのストーリーがどの勢力からもっとも影響を受けて生み出されているのかを明らかにすること。④ドラマが停滞する／進展する要因を明らかにすること。⑤これまでのドラマの展開においてありえたストーリーと今後のドラマの展開においてありえるシナリオを示すこと。⑥このドラマが他のドラマと、アクターの性格・アクター間の相関関係・設定された場面・生み出されたストーリーにおいて、共通する点と相違する点を明らかにすること。⑦このドラマが歴史上にもつ意味を明らかにすること。

本書では、このうちとくに、知事と滋賀県、あるいは学識者というアクターに注目して、その性格と他のアクターとの相関関係を分析した。そして、これまでのストーリーとこれまでのドラマの展開においてありえたストーリーをある程度示したつもりである。また位階秩序に基づいて、舞台回しが起きたことも指摘した。すなわち、地元住民との合意が困難になった時、滋賀県が頼ったのは「下位組織」である栗東市であり、それが功を奏しなかった際には環境省という「上位組織」の助言を機に事態は再び動き出したことを示した。そして、世間文化と行政文化についての指摘は、個別的なドラマの範囲を越えて、組織文化として日本社会に普遍的な特徴にも言及した。さらに、現段階の環境ガバナンス視点から、今回の滋賀県の対応を評価した。つまり、課題としての②③④⑤⑥⑦の諸点については、それなりに記述したつもりである。①の滋賀県と栗東市という舞台については、今回あまり触れることができなかったが、前著においてある程度語ったつもりである。

前著でもそうであったが、とくに本書が描いたドラマにおいては、語り手である筆者もまたアクターの一人であった。審議会と裁判において、筆者は当事者のひとりだった。テレビであるか舞台であるかにかかわらず、ドラマにおいては、作中人物が、時として、そのドラマを語るという手法をとることがある。この書は、まさにそうした手法をとっている。最後に、このような学問手法の可能性と限界について述べることにしよう。

社会はいかにして可能であるか

ジンメルは『社会学』に収録された「社会はいかにして可能であるかについての補説」において、社会は観察者を必要としない統一体である、と述べた[3]。これは、一般的な社会学方法論を否定する画期的な言明だった。

今日でも、研究対象から距離を置いて客観的に捉えようとするアプローチは一般的である。筆者も若いころ、そういう地域社会研究をよくした。たとえば、東京大学の研究者たちが中心メンバーとなったグループに入れてもらって、広島県福山市や兵庫県神戸市の調査をしたことがある[4]。こうした調査では、断続的に数日間現地に出向いて、聞き取り調査や質問紙法調査を行い、その地域社会の構造と抱えている問題を明らかにしようとする。筆者は、かつてこうした研究に加わりながら、自分たちの研究の限界を感じてもいた。というのは、幾ら丁寧に調べても、しょせん研究者はその地域の生活者の知る以上の情報を得ることはできないことがわかっていたからである。

そこで研究者は、情報の量ではなく、むしろよく知られた個別の事象のなかに、その地域の生活者も気づいていないような意味を発見することに意義を見出す。当事者たちよりも当事者たちを知るとは、当事者たちとは違った言葉で事象の意味を語ることだと考えるのである。

ところが、それが行き過ぎる場合もある。つまり、研究が、自分の持ちこんだ理論の検証が目的のようなものになってしまって、対象としての地域社会の解明からは遠ざかってしまうことがあるのである。ペダンティックな研究に堕してしまう。じつは外部（ヨソ）者による地域調査は、常にこうしたジレンマを多かれ少なかれ抱えている。

ジンメルは、社会は、そもそも、こういう外部の観察者を「必要としない」ものだと述べた。ジンメルの観点からすれば、なぜわざわざ、研究者は自分が生活しているところ以外の地域社会を研究しなければならないのか、ということになろう。すなわち、観察対象が同時に観察者であって構わないのであり、社会学者はその社会に存在しつつ、その社会を客観視する二重の立場に立つ。まさに、それを実践したのが、ジンメル社会学であった。ただしこうした方法論は、どうしても私的な言明を含まざるを得ない。それゆえに彼の思想は、後にエッセーの思想とも呼ばれることになったのである。

ドラマとしての住民運動論の可能性と限界

前著そして本書が採用した、この「ドラマとしての住民運動論」という研究手法は、社会学史の視点からは、こうしたジンメル社会学から続く流れの末端に位置づけられる。それは、研究者が研究対象に深くコミットメントすることで初めて可能になるものである。そして、これがとりもなおさず、この方法論の可能性であり、限界だろう。

このアプローチは、先に述べたような地域研究にありがちなジレンマから免れている。なぜなら、それは研究者が数日間程度、対象となる地域を訪れて資料収集や調査をするというものではないからである。逆に言えば、ドラマとしての住民運動論は、その地域社会に生きる社会学者にしかできない研究方法である。このことは、ドラマの意味を理解するためには、幕が上がってから閉じられるまで、観客席に座り続けなければいけないのと同じである。つまり、「ドラマとしての住民運動論」は、外部（ヨソ）者の調査研究方法ではなく、そこに生きる研究者だけに特権的に許された調査研究方法であると言える。

筆者は、かつて自らがかかわったような外部（ヨソ）者の調査研究の価値を否定するものではない。外部（ヨソ）者としての研究者が、全く客観的な立場で、出向いた先の地域社会の特徴を明らかにすることは、もちろんあるだろう。しかし、それればかりではなく、その地域社会に住む生活者としての研究者が、自らの生活の場である地域社会を相対化して論じることが、もっと増えてもいいのではなかろうか、とも思う。

かつて大学は大都市にしかなく、まして社会学者の存在は、そうした大学のうちのいくつかの大学に限られていた。しかし、今や大学は全国にあり、社会学者は日本国中に散在している。何も遠くから研究者を招かずとも、そして行かなくてもできることはいろいろある。地域社会に生きる社会学者が、自らの足元を掘ることによる社会的貢献の領域は広大である。そして、このことは、学問としての社会学の進歩にとっても大切なことだと考える。

社会学の歴史

社会学は、一九世紀前半に哲学を母体として生まれた。社会学の黎明期において、社会科学と社会学の境界線は不明瞭なものであったので、この時代を「総合社会学の時代」と呼ぶこともある。その後、社会学者たちは二〇世紀前半まで、諸科学の中での独立性を確保することに力を傾注してきた。それが次の「特殊科学としての社会学の時代」である。やがて、それは一段落して、社会学は二〇世紀後半から「専門分化の時代」に入った。そこから今日まで続く専門分化の傾向は、二つの時代変動と軌を同じくしていた。

その一つは、大学の大衆化である。その結果として、専門的な職業人としての社会学者、言い換えれば大学や研究所の社会学者ばかりでなく、社会学を学ぶ人は増え続け、社会学人口のすそ野は大きく広がった。

もう一つは、科学技術の急速な進歩である。このことが社会学の世界にもたらした最大の影響は、実証主義の隆盛であろう。とくにコンピュータの発達と普及とによって統計的な調査が容易になるにつれ、そうした数量的な実証研究とこれまでの思念的な研究との乖離がしばしば指摘されてきた。これが、いわゆる社会学における「理論と実証」問題である。

ところで、ある学問領域の研究者が増えたり、その学問領域を学ぶ人が増えることは、それ自体としては好ましいことである。また、科学技術の発展が学問研究を手助けしてくれることは、本来何ら不都合と考えるべきことではない。これら二つのことと、社会学におけるアイデンティティの拡散は、必ずしも直結するとは限らないだろう。しかし、社会学者のなかに現状を憂え「社会学の危機」を唱える人は少なくない。それはなぜだろうか。

どんな学問であっても、学問は、積み重ねによって発展することは共通である。先行研究を踏まえて新しい理論が生まれ、それが実証される。あるいは先行研究を踏まえた実証研究のなかで、これまで以上、これまで以外の理論が生まれる。そしてそれらが、社会を変える実践となり、社会に対する学問的貢献を果たす、こうした流れが、本来望ましい学問の姿である。

筆者は、とくに社会学におけるこうした「学説・理論・実証・実践」の流れを、〈社会学の全体性〉と呼んでいる。社会学はいま、この全体性が危機にあるのではなかろうか。すなわち、少なくない数の「学説のない理論」「理論がない実証」「実証のない実践」が乱立し、また使い捨てられる事態が生じている。また、「学説」「理論」「実証」「実践」の内部も、いくつかの小部屋に分かれていて、それら相互の知的交流が活発であるとはとても言えない。わかりやすく言えば、皆が目先の問題にしか関心を示さなくなってきているように思う。その結果として、「自分だけの社会学」が量産されている。

社会学の使命

ヨーロッパの社会学界では、ブレア政権のブレーンとなって「第三の道」路線を支えたA・ギデンズや市民運動の先頭に立って社会的弱者への差別を告発したP・ブルデューのように、「学説」「理論」「実証」の優れた業績をもちつつ、社会問題や社会政策に積極的に発言する、すなわち実践する社会学者がいる。ところが、日本では、そうした社会学者はけっして多いとは言えないし、それどころか、第三章で述べたように、社会学者が行政の諮問機関に入って政策に関与することさえ稀である。

だから嘉田さんが社会学者であることをやめて滋賀県知事に転身したことは、同じ社会学者である筆者にとって、大いに期待させる出来事だった。そして、当初、たしかに筆者は、彼女の応援者の一人だった。その後の彼女の県政には大変失望はしたが、そうした実際の彼女の仕事に対する評価は別として、一般的に言って、こうした社会学的実践は、もっとあっていいと思う。社会学者は社会を相対化する学問である。社会学者の既成の観念にとらわれない柔軟な発想は、政治や行政に新しい風を吹き込むに違いない。

しかし、社会学的実践は、基本的には政治家になることによってではなく、あくまで社会学者の立場で「学説」「理論」「実証」を伴ってなされるものだとも思う。その地域社会に暮らす社会学者として、ジンメルがしたように自己を二重化して、一般の住民とは違う目で社会を見ること。住民と研究者のマージナルな領域で、たんなる住民では気づかないこと、また、たんなる研究者では気づかないことを明らかにすることこそ、社会学者の真骨頂だろう。

そして、そうした実証でえられた知見を積極的に学問世界以外の世間に向けて発信していくこと、得られた知見から、人々の幸せと社会正義の実現のために政策提言を行うことこそ、社会学者に望まれる社会学的実践だと信じる。そうした社会学的実践は、闘いであるが、それは社会学者としてすべき闘いである。

本書で記述してきたこと、そして本書そのものは、滋賀県に生きる社会学者である筆者の、ひとつの社会学的実践である。

注

(1) マックス・ヴェーバー(脇圭平訳)『職業としての政治』岩波文庫、一九八〇年、四〇—四二頁。
(2) 早川洋行『ドラマとしての住民運動　社会学者がみた栗東産廃処分場問題』社会思想社、二〇〇七年、四六—五一頁。
(3) Georg Simmel, Soziologie: Untersuchungen über die Formen der Vergesellschaftung, Georg Simmel Gesamtausgabe 11, 1992 (1908), S. 42-61. 居安正訳『社会学　上巻』白水社、一九九四年、三一—五七頁。
(4) 蓮見音彦・似田貝香門・矢澤澄子編『都市政策と地域形成〜神戸市を対象に』東京大学出版会、一九九〇年。似田貝香門・蓮見音彦編『都市政策と市民生活〜福山市を対象に』東京大学出版会、一九九三年。

あとがき

本書を読み通して、この「あとがき」を読む方ならわかると思うが、本書は、多くのジャーナリスト、わけても新聞記者の皆さんの仕事によっている。時宜を得た記事、記者会見での的確な知事への質問によって、本書の論述は可能になった。まず、ジャーナリストの皆さまへ、そのことのお礼を申し上げる。

こうした地域問題についての報道は、その重要性に比してあまり日が当らない功績である。マスメディアは、どちらかと言えば、政権交代とその後の混乱、自治体首長たちの政治塾ブーム、北朝鮮問題、一票の格差是正問題、長引く景気の停滞、消費税増税問題等々の「大きな政治」の話題を大事にする。

しかし、地域社会に生きる住民たちにとって切実な政治問題は、本当にそれらのことだろうか。地域住民が困っていることは、子どもの通学路の安全確保だったり、一人暮らしの高齢者の孤立問題だったり、近所にある産廃処分場の問題だったりする。こうした問題の相談窓口は、地方自治体である。しかし、そうしたお役所（地方自治体）の人たちは、こちらが困っていることを本当にわかってくれているのか、いないのか、まったく埒が明かない。

新聞を開いてみよう。それが全国紙だったら、三十ページ以上の紙面のうち、こうした問題を扱う地域欄は一ページか二ページでしかない。ましてテレビやラジオの報道が、そうした日常茶飯の出来事、「小さな政治」を取扱うのは極めてまれだ。

社会学は、政治を職業政治家の営みとして捉えるのではなく、ごく普通の人々の日常において起きる、権力の獲得と維持をめぐる諸現象として捉えてきた。この観点からすれば、地域住民が日々体験している出来事も、また間違いなく「政治」である。そして、そのような、私たちの政治には、昔からあってなかなか変わらないパターン、全国どこにでも、同じようにみられるパターンが存在していることに多くの人は気付いている。

こうした普遍的な特徴を取り出して明示することは、日々ニュースの発掘採取に追われるジャーナリストには無理だし、たとえできたとしても、先に述べたような紙面や時間の限界もある。だから、これは社会学者の仕事である。筆者は本書において、ジャーナリズムとアカデミズム、新聞記者と社会学者のコラボレーションのひとつのかたちを示すことができたのではないかと思っている。

本書は、滋賀県の嘉田県政について論じている。しかも、RD問題というローカルな地域問題に絞って考察したものである。しかし、筆者は、この問題をこの地域に限った特殊なものだとは考えない。ここには、日本の地域社会に共通する問題がある。それは具体的には、地方行政組織の仕事ぶりに、行政の諮問機関とそこに招かれた学者に、非政治家出身の首長に、そして、ストック公害を解決する上での問題において、指摘できるだろう。個別に普遍が宿る、というのは間違いなく正しい。

それゆえ、本書で指摘してきた問題をいかに解決していくのか、というのは、滋賀県のみならず、日本の地域社会全体の問題として考えるべきである。本書の論述が、それぞれの地域社会に生きる読者に、問題解決のためのヒントを与えるものであれば、筆者としてこれ以上ない歓びである。

最後になったが、本書の出版を快く引き受けてくれた学文社の田中千津子社長に心よりお礼申し上げる。じつは本書の原稿は、最初別の出版社に持ち込んだ。その出版社からは「相手が嘉田知事では、敵として小さすぎて売れません」と断られた。ところが、田中社長は草稿を読んで、「これは滋賀県だけの問題じゃないわね。環境問題の原点は田中正造。売れないかもしれないけど、出しましょう」と言ってくれた。我が意を得たり。本書は、生活環境主義を批判することを通して、普遍的な虚飾の行政を告発することを意図したものであり、けっして逆ではない。

とはいえ、あまりご迷惑にならない程度に部数がはけることを祈っている。

二〇一二年五月

新緑の季節のなかで

早川　洋行

著者紹介

早川　洋行（はやかわ　ひろゆき）

一九六〇年　静岡県生まれ

中央大学大学院文学研究科社会学専攻博士課程満期退学

現　在　滋賀大学教育学部教授　博士（社会学）

著　書　『ジンメルの社会学理論―現代的解釈の試み』世界思想社　二〇〇三年

『流言の社会学―形式社会学からの接近』青弓社　二〇〇二年

『ドラマとしての住民運動―社会学者がみた栗東産廃処分場問題』社会思想社　二〇〇七年

『よくわかる社会学史』（編著）ミネルヴァ書房　二〇一一年

◉検印省略

虚飾の行政―生活環境主義批判

二〇一二年九月二〇日　第一版第一刷発行

著　者　早川洋行

発行者　田中千津子

発行所　株式会社　学文社

〒一五三－〇〇六四　東京都目黒区下目黒三－六－一

電話　〇三（三七一五）一五〇一（代）

印刷　新灯印刷株式会社

乱丁・落丁の場合は本社でお取替します。

定価はカバー・売上カードに表示してあります。

ISBN978-4-7620-2315-6